Tout pour être heureuse...

SOPHIE DESMARAIS

Tout pour être heureuse…

Michel Lafon

Ce livre est imprimé en France par
un imprimeur soucieux de préserver l'environnement
à travers des actions d'économies d'énergie, de valorisation
des déchets, d'utilisation de produits moins nocifs
pour la santé des travailleurs.

118, avenue Achille-Peretti – CS 70024
92521 Neuilly-sur-Seine Cedex

www.michel-lafon.com

À ma sœur, Louise.
À Chloé et Sébastien.
À Daniel.

Tout être blessé
est contraint à la métamorphose.

Boris Cyrulnik

– 1 –

LA PORTE DE MON CŒUR

Ce livre n'est pas un désir de revanche et encore moins de vengeance. J'ai voulu raconter mon histoire en pensant à ceux qui, comme moi, ont été victimes d'intimidation, de harcèlement lorsqu'ils étaient plus jeunes et qui, comme moi, ont peiné à s'en remettre.

J'ai vécu une grande partie de ma vie sans oser parler des années passées dans un pensionnat suisse lorsque j'étais adolescente, années qui m'ont tellement traumatisée que j'en suis restée longtemps malade. À cette époque, on ne parlait pas beaucoup d'anorexie et de problèmes de santé mentale, et pourtant, beaucoup de jeunes filles et de femmes adultes en meurent aujourd'hui.

Depuis, je suis extrêmement sensible aux personnes qui en souffrent. Il fut même un temps où l'on cachait ceux qui en étaient atteints. Heureusement, de nos jours on les soigne, on les intègre dans notre vie, on s'adapte à eux et c'est un grand progrès. Eux-mêmes osent en parler plus librement, sachant qu'ils trouveront une meilleure écoute qu'autrefois.

C'est en pensant à ces femmes et hommes que j'ai souhaité devenir la marraine de la Fondation Jasmin Roy-Sophie Desmarais qui lutte principalement contre l'intimidation, la violence et la discrimination. C'était il y a huit ans. Ayant vécu ce que j'ai vécu, je sais combien il est capital d'accorder de l'attention aux jeunes en souffrance car c'est de cette aide que dépendront leurs capacités à devenir adultes et donc leur avenir. Pour avoir souffert d'anorexie sans pouvoir en parler, le soulagement n'est arrivé que tardivement, lorsque j'ai pu me confier, il y a quelques années à peine.

Il ne m'a pas été facile de me livrer dans cet ouvrage ; j'ai dû retrouver le fil de ma mémoire pour remonter les années et me replonger dans ma vie d'adolescente, d'abord au sein de ma famille, puis en pension et à l'université. Bien sûr, j'évoquerai mes parents et l'on comprendra que mon éducation et la personnalité haute en couleur de ma mère ne sont pas étrangères à certaines de mes fragilités.

Je sais déjà ce que certains pensent : étant née dans une famille fortunée, ayant habité dans de très belles maisons, fréquenté des lieux prestigieux et assisté aux soirées magnifiques que donnaient mes parents, j'ai vécu une vie de rêve. Erreur profonde. L'argent, le luxe ne sont pas et ne seront jamais des facteurs de bonheur et d'équilibre. L'argent aide, ô combien, et la période difficile que nous traversons nous le montre chaque jour, mais les biens matériels ne comblent pas le manque d'amour et d'attentions. Enfant, j'en ai beaucoup souffert et ma recherche d'amour et de tendresse s'est poursuivie adulte. Je pense même que je n'en aurai jamais fini avec cette quête.

Je vous ouvre donc la porte de mon cœur.

Une dernière chose, avant d'y pénétrer : j'ai tenu à informer mes frères et ma sœur de mon projet d'écriture puisque, forcément, je parlerai d'eux et de nos proches. Ils ne m'ont pas dissuadée d'écrire mon histoire, au contraire ils ont salué mon courage et m'ont promis d'être les premiers à la lire, eux-mêmes ignorant dans le détail ce que j'ai enduré. Jamais je n'ai eu la force de le leur raconter.

– 2 –

UNE ENFANCE EN POINTILLÉ

Lorsque je repense à mon enfance et à mon adolescence, j'ai le sentiment de ne pas avoir passé beaucoup de temps avec mes parents et de ne pas les avoir vus autant que je l'aurais aimé. C'est un peu triste à dire mais nous n'avons pas partagé grand-chose. Mon sentiment est à peu près le même concernant mes deux frères de huit et six ans plus âgés que moi : ils sont partis très tôt de la maison pour étudier en internat et à l'université, puis nous n'avons fait que nous croiser. Seule, ma sœur de trois ans mon aînée m'a été plus proche. Sans elle, j'aurais traversé cette période de ma vie dans une plus grande solitude encore. Je me revois surtout dans des chambres de pensionnat, des réfectoires ou assise, seule, à l'arrière d'une longue voiture noire ou d'un autocar qui me ramène à l'internat, le dimanche soir ou à la fin des vacances…

D'ailleurs, j'ignore pourquoi j'ai si peu de souvenirs des vacances passées auprès de ma famille. Il y en a, pourtant, toujours aux mêmes endroits à la même époque. À Noël, nous allons faire du ski dans un chalet du Mont Gabriel ou au bord de la mer en Floride. Aux grandes vacances, nous nous retrouvons dans une maison à La Malbaie, cette très jolie ville de la région de Charlevoix, au nord-est de Québec.

Notre mère nous a inscrits dans un club de vacances où tout est organisé pour occuper les enfants et les adolescents. Nous y passons toute la journée. C'est idéal pour les parents qui ne veulent pas trop s'encombrer de leurs progénitures. L'endroit est plutôt sympathique car nous pouvons retrouver nos copains. En revanche, une fois rentrés à la maison, il nous est rigoureusement interdit de sortir. Avec la nounou qui dort dans la grande chambre que je partage avec ma sœur, on ne risque pas de « faire le mur ».

Si on veut profiter des soirs d'été, c'est « à la maison » mais, justement, nous, on aimerait bien s'en éloigner un peu de cette maison ! Petite, cela passe encore mais, ensuite, l'interdiction de sortir m'a beaucoup pesé. De ce fait, j'ai grandi sans vraiment me faire d'amis. Finalement, c'est ma sœur qui a tenu ce rôle.

Mes souvenirs sont clairsemés mais ceux qui persistent dans ma mémoire sont très précis. Comme ce jour où je suis tombée avec mon vélo dans la piscine de la maison de vacances ! Je dois avoir 7 ans et je m'amuse à la contourner en pédalant sous les yeux de ma mère qui m'a déjà prévenue à plusieurs reprises : « Sophie, fais attention, tu vas tomber ! » J'ai dit : « Non, non… » mais, à un moment, le vélo fait une embardée et je bascule tête la première avec lui du côté le plus profond de la piscine.

Quelqu'un se précipite pour me secourir mais ma mère l'arrête dans sa course :

– Laissez-la ! Je lui ai dit de se méfier, elle n'a pas voulu m'écouter. Maintenant qu'elle se débrouille !

Je me revois encore tendre le bras vers mon vélo pour l'empêcher d'aller dans le fond puis revenir vers le bord, péniblement, le tirant d'une main par le guidon et nageant de l'autre. Heureusement, je sais nager depuis que je suis toute petite et n'ai pas peur de l'eau. Ma mère a voulu me donner une leçon mais je ne sais pas si elle a été profitable.

Dans notre maison blanche aux volets noirs de La Malbaie, nos parents vivent comme ils le font partout où ils se déplacent. Ils reçoivent des amis à dîner, donnent des soirées. Toute mon enfance, j'ai croisé des invités chez nous. Le nez collé à la fenêtre de notre chambre, ma sœur et moi regardons arriver et repartir les voitures, les ombres noires et des silhouettes pailletées.

C'est comme s'il y avait deux mondes dans une seule maison : celui des parents et celui des enfants. D'ailleurs, chez nous, il y a deux salles à manger, la leur et la nôtre. Nous ne prenons jamais nos repas ensemble mais dans une autre pièce avec notre nounou. Déjà, le personnel devient ma deuxième famille.

Nous ne dînons avec nos parents qu'à certaines occasions, et à partir de 12 ou 13 ans, ce qui ne me laissera pas de grands souvenirs puisque, de toute façon, on ne parle pas à table. Mes frères échangent un peu avec notre père mais pas nous ! Parfois, avec ma sœur, on a de sacrés fous rires et on se fait copieusement redresser les bretelles : « ARRÊTEZ DE RIRE ET ÉCOUTEZ ! » Finalement, on préfère manger entre nous, dans « notre » salle à manger. Au moins personne ne nous interdit de rire.

Ce qui est étrange, c'est qu'en agissant ainsi, mes parents ne reproduisent probablement pas des habitudes qu'ils auraient prises dans leurs familles respectives…

Leur histoire est singulière : mon père et ma mère ont grandi dans la ville minière canadienne de Sudbury dans l'Ontario et se connaissent depuis leur enfance. Leurs propres parents étaient très amis et ils vivaient dans le même bloc d'immeubles. Ils partagent énormément de souvenirs, ce qui explique, peut-être, cette entente exceptionnelle jusqu'à la fin de leur vie. Ils se connaissent par cœur, savent d'où ils viennent et se sont élevés dans la société, main dans la main.

Les circonstances de leur union sont étonnantes. Comme si quoi qu'on fasse, on n'échappe pas à son destin.

Après des études d'infirmière, ma mère part travailler à San Francisco où elle rencontre un professeur d'anglais qui tombe éperdument amoureux d'elle. Ma mère a toujours eu un visage lumineux et, jeune fille, elle était vraiment belle. Lorsque mon père apprend qu'elle s'est fiancée à un autre, il devient comme fou et appelle ma grand-mère maternelle au téléphone :

– Mimi, tu fais comme tu veux, mais il faut que tu dises à ta fille de rentrer à la maison. Il est hors de question qu'elle épouse ce « niaiseux » !

Le plus étrange dans cette histoire, c'est que le fiancé a eu un pressentiment qui s'est avéré exact : au moment de quitter ma mère à San Francisco pour qu'elle aille à Sudbury faire ses adieux à ses proches et revenir ensuite s'installer aux États-Unis, il lui a dit qu'il sentait qu'ils ne se reverraient plus :

– Mais pourquoi dis-tu ça ?! s'est-elle écriée, consternée.

– À cause de ton ami d'enfance…

Effectivement. Dès qu'elle est arrivée à Sudbury, mon père l'a demandée en mariage et elle a dit oui. Je suppose que sans se l'être jamais avoué, elle l'aimait profondément et il a fallu qu'elle s'éloigne pour que les sentiments de mon père se déclarent et qu'elle y consente. Quoi qu'il en soit, il aurait été dommage que ces deux-là ne fassent pas leur route ensemble, ils se sont aimés si fort !

Mon père fait partie de ceux dont on peut dire qu'ils se sont faits eux-mêmes et dont l'ascension a été fulgurante. En 1951, alors qu'il se destinait à une carrière d'avocat, il achète l'entreprise de transport par autobus appartenant à son propre père, la Sudbury Bus Lines, alors en faillite et qu'il paie 1 dollar symbolique. Le pari était risqué, mais très rapidement l'entreprise, modernisée et dynamisée, va contrôler une grande partie du marché québécois du transport par autobus.

Selon un grand ami de notre famille, les épreuves qu'a subies mon père en tant que francophone issu d'un milieu minoritaire ne sont pas étrangères à sa réussite. « S'il n'était pas né à Sudbury, dit-il, je pense qu'on n'aurait peut-être pas aussi vite connu le grand homme qu'il est devenu. »

Effectivement, mon père est de ceux qui se dépassent dans l'adversité. Né dans une province anglophone puis installé à Montréal, province francophone, il s'est toujours revendiqué « fier canadien » avant d'être québécois. À une époque, ses prises de position en faveur du fédéralisme lui ont posé quelques problèmes. Travailleur, ambitieux et excellent administrateur, il voit grand et loin. En 1970, il devient P-DG d'une très grande compagnie canadienne et va construire un véritable empire financier et médiatique.

Au début des années 1970, période où ses entreprises prennent leur plein essor, je suis trop petite pour m'intéresser au travail de mon père. Ce qui n'est pas le cas de mes frères. Dès qu'ils ont été adolescents, notre père les a « pris » avec lui à son bureau pour les former en vue de lui succéder. Très tôt, ils l'ont accompagné dans ses voyages d'affaires. Pour mon père, ces déplacements font partie de leur éducation, de leur formation de futurs entrepreneurs. En tant que garçons, ils se doivent de reprendre dignement le flambeau.

Pour ce qui est de ma sœur et moi, ce n'est pas la même chose. Mon père pense que les filles, c'est « à la maison », un point c'est tout. Non qu'il nous estime plus stupides ou plus incompétentes que nos frères, mais l'entreprise n'est pas un lieu pour ses filles. L'émancipation n'est pas vraiment d'actualité ! C'est donc naturellement que nous avons été écartées de la gestion des affaires familiales.

– 3 –

MUSIC IN LOVE

J'ignore comment est née chez ma mère la passion de la musique mais c'est quelque chose de spectaculaire et elle l'aime dans toute sa variété. J'imagine qu'elle doit cet engouement à mon grand-père avec qui, enfant, elle aimait chanter.

À la maison, la musique résonne de la cuisine au salon. À toute heure du jour, on peut entendre des disques de Barbra Streisand, Ella Fitzgerald, Frank Sinatra et autres grands artistes comme Édith Piaf.

Ma mère adore chanter. Elle a d'ailleurs une très jolie voix et j'ai la chance qu'elle m'ait transmis cette passion. Mais ce qui la fait vibrer au-delà de tout, c'est la musique classique, les grands orchestres symphoniques, le chant lyrique et l'opéra.

Au départ, elle était plutôt attirée par le jazz jusqu'à ce que Pierre Béique, fondateur de l'Orchestre symphonique de Montréal, un homme d'une érudition et d'une gentillesse hors pair, l'initie au classique ainsi que mon père, d'ailleurs. C'est lui qui les a emmenés aux concerts et à l'opéra de nombreuses fois.

Ensuite, cet homme est devenu un grand ami de la famille. Mes parents ont pris l'habitude de le suivre dans le monde entier : ensemble, ils vont voir des concerts à Salzbourg, Bayreuth, Venise, New York...

Wagner, Verdi et Puccini. Ma mère aime ces compositeurs d'une manière excessive voire fanatique. La musique est toute sa vie.

Au fil des années, elle va rencontrer les plus grands artistes lyriques et devenir très amie avec Placido Domingo, Roberto Alagna, Jessye Norman qui restent à la maison chaque fois qu'ils se produisent au Québec. Plus tard, elle accompagnera Zubin Mehta en Chine pour voir *Madame Butterfly* dans la Cité interdite. Mon père et moi y serons également. Je dois reconnaître que grâce à eux et à leur passion, nous avons pu assister à des moments grandioses et inoubliables !

À partir du moment où elle est entrée dans cet univers, ma mère a voulu aider les artistes et musiciens, canadiens en priorité puisque ce sont eux qu'elle croise le plus souvent. Lorsqu'elle « s'entiche » de jeunes débutants prometteurs, elle les prend sous son aile, les aide dans leur carrière, leur trouve les meilleurs maîtres de musique, les soutient financièrement, aide à l'achat d'instruments, etc. Et, mieux encore, elle les encourage lorsqu'ils ont des baisses de moral, elle les « rebooste » : « Je sais que vous êtes capable ! Allez-y ! » leur dit-elle.

Grâce aux bourses que sa fondation leur accorde, ces artistes en herbe peuvent alors travailler avec des professeurs émérites et aller passer des auditions à l'étranger. Parallèlement, elle aide aussi de nombreuses institutions lyriques.

Je dois reconnaître que ma mère a une vraie sensibilité musicale qui lui permet de « flairer » celui qui a du talent, de la volonté et qui ira loin. Et si, aujourd'hui, dans les salles de cinéma québécoises, on peut voir des représentations filmées d'opéras donnés par le Met à New York, c'est bien grâce à elle.

En côtoyant ma mère, ces artistes vont faire connaissance avec un personnage atypique tendance « hors normes » et d'un sacré tempérament ! Ceux qui la fréquentent de temps à autre la trouvent extraordinaire de vitalité, d'exubérance, ils adorent sa compagnie. On s'amuse beaucoup avec elle. Mais pour ceux qui, comme moi et son personnel, vivent sous son toit, sa nature extravertie est souvent pénible. De plus, elle a ce côté inflexible et même tyrannique des gens qui ne se remettent jamais en question et qui ne doutent pas. De toute ma vie, je ne crois pas l'avoir prise en flagrant délit de faiblesse ou même de fragilité. D'ailleurs, elle déteste les gens qui peinent à s'affirmer. Elle a une énergie débordante et elle critique ceux qui n'ont pas la même. Dont moi. Enfant, déjà, elle m'épuisait.

Lorsqu'elle convie un ou plusieurs musiciens à la maison pour un concert, tous les invités doivent rester jusqu'à la fin. Pas question de s'éclipser même pour aller au petit coin ! Parfois, d'un geste, elle fait reprendre un final, un passage qu'elle aime, elle n'en a jamais assez. Maman ne voit pas le temps qui s'écoule, elle ne se préoccupe pas de la fatigue éventuelle de ses invités ou s'ils ont des obligations le lendemain. Et, surtout, elle ne pense pas à son personnel qui doit se lever aux aurores. Seul compte son plaisir ; elle vit dans son monde et les gens qui sont conviés à y entrer doivent le partager et exister pour elle.

Évidemment, pas question de dire un mot à son voisin. Dans ce cas, elle se retourne d'un air outré et vous balance un : « Voulez-vous vous taire ? » qui vous fait rentrer la tête dans le col de chemise. En revanche, elle n'hésite pas à donner son avis en s'extasiant tout haut sur la beauté de ce qu'on est en train d'entendre.

Alors, que faire d'autre que d'écouter et d'attendre que ça se passe ? De toute façon, on ne peut pas partir. Combien de fois ai-je dû inventer des scénarios de départs immédiats ou simuler une quinte de toux pour disparaître en douce !

Mais, me direz-vous, pourquoi les gens supportent-ils cela ? Pourquoi restent-ils s'ils veulent ou doivent partir ? Ce n'est pas si simple. Il y a quelque chose dans la personnalité de ma mère qui vous en empêche. Elle est aussi attachante qu'autoritaire, son sourire vous désarme et fait qu'on n'a pas envie de lui déplaire, de lui causer de la peine. Bon gré mal gré, elle vous embarque avec elle et on s'incline.

J'ai parlé à mes frères et à ma sœur de cet autoritarisme et leur réponse a été la même : « Elle est comme ça, on ne la changera pas…

C'est pénible, mais on ne va pas se fâcher pour autant. » Tout le monde raisonne ainsi.

C'est vrai qu'il ne faut pas grand-chose pour passer un bon moment avec ma mère : lui faire de jolis compliments, lui dire qu'elle est belle, qu'elle a minci, même si ce n'est pas vrai. Je ne sais pas qui est sa meilleure amie, mais, dans l'absolu, ce serait celle qui dirait « oui » à tout, qui serait d'accord avec ma mère sur tout ! Là, elle vous adore, elle est charmante. Peu importe la vérité, ma mère s'arrange avec ce qu'elle a envie d'entendre. Entre réalité et beauté, elle a choisi. Définitivement.

Parmi ses amis, il y a ceux qui l'aiment vraiment et qui passent sur son caractère tyrannique et ceux que j'appelle « les profiteurs », ceux qui sont là quand il y a quelque chose à prendre. Il y en a toujours dans une cour… Je ne sais pas si ma mère les distingue, elle aime tellement être flattée ! Parfois on la met en garde contre cette clique qui systématiquement appelle pour profiter des voyages, d'invitations à des concerts, de l'avion privé. Elle hausse les épaules avec l'air de savoir ce qu'elle fait. Ma mère est aussi une femme de tête. Peut-être est-elle plus vigilante qu'on ne l'imagine…

De la même manière qu'on est convoqué aux concerts, le soir à la maison, il arrive que nous nous réunissions dans le salon après dîner, pour regarder la télévision. C'est toujours ma mère qui choisit le programme. Si, par malheur il y a un opéra, on est sûr d'y avoir droit. Et si on ose faire une suggestion différente de la sienne, elle est rejetée illico. C'est elle qui décide, un point c'est tout. Elle peut devenir froide, dure, presque méchante quand on ne se range pas à son avis. Elle adore les vieux films et les comédies musicales. Son plaisir c'est de chanter en même temps que les acteurs et à tue-tête : même si elle chante très bien, c'est insupportable !

Tout le monde reste en place sauf mon père qui s'éclipse et monte dans sa chambre. Là, ma mère ne dit rien, évidemment. Cela ne la dérange pas que son mari aille se coucher avant elle : depuis longtemps, mes parents font « lit à part » mais dans le même espace séparé par un petit salon, ce qui leur permet de se voir lorsqu'ils sont allongés. C'est mon père qui a dessiné les plans des différentes maisons qu'ils ont occupées et qui ont été pensées en fonction des désirs et du confort de ma mère.

Je ne me souviens pas d'avoir partagé beaucoup d'activités avec mes parents. Très peu de sorties amusantes, mais plutôt des visites de musées ou d'expositions qui me barbent le plus souvent. À l'occasion, il nous arrive de jouer au tennis ensemble mais vraiment rarement. Ma mère m'oblige à prendre des cours de piano mais il y a quelque chose de « social » dans sa démarche, comme si, dans ma position d'enfant de famille aisée, je « devais » savoir jouer d'un instrument. Elle voudrait que je travaille le piano avant mes devoirs, que je reprenne mes gammes après le dîner. J'en ai eu vite assez. Il y a une manière d'amener les enfants à la musique, au travail, à l'effort ; elle, elle m'en a écœurée. Elle a aussi voulu que j'apprenne la danse classique, la flûte, mais je n'ai pas persévéré. Je n'aime que chanter. Curieusement, on ne m'a pas fait prendre de cours de chant…

Tout est vécu comme une contrainte. Résultat, je commence tout sans envie et j'arrête très vite. Comment m'intéresser à ce qu'on veut me transmettre de force ?

À l'école, je n'ai jamais été bonne élève mais je suis studieuse pour ne pas déplaire à ma mère et je m'efforce de rester dans la moyenne. Parfois, elle me punit lorsque mes résultats sont mauvais mais jamais elle ne demande si j'ai besoin d'aide pour mes devoirs. Là encore, ma mère contrôle mais ne s'investit pas.

Les seules sorties que je fais avec elle, c'est lorsqu'elle m'emmène au concert ou à l'opéra.

Je les vis comme une corvée. J'avais 7 ans quand maman nous a tous obligés à aller voir *Aïda* de Verdi qui se jouait à Paris. Quand j'ai vu de véritables animaux arriver sur scène, j'ai eu tellement peur qu'un de mes frères a dû me ramener à l'hôtel. Ma mère était furieuse ! « Un jour, tu verras, tu aimeras ça… » m'a dit gentiment Pierre Béique qui voyait bien que je me forçais.

Mes parents sortent souvent, ils ont des emplois du temps de ministres. Sans parler de leurs voyages à l'intérieur du pays et à l'étranger. Ils font passer leurs obligations et leurs activités avant toute chose : mon père, ses affaires, la gestion de son patrimoine, ses multiples rendez-vous ; ma mère, ses soirées mondaines.

Tout cela fait que je ne les vois pas beaucoup. Nos parents nous aiment à leur manière mais ils ne veulent pas être importunés, empêchés. L'un comme l'autre, ils ne tiennent pas à ce qu'on les perturbe, d'où, je suppose, notre éloignement de la maison à travers les pensionnats pour qu'on ne soit pas « dans leurs pattes ».

Leur vie sociale est un vrai tourbillon. Sans doute est-ce important pour les affaires de mon père, ce qui tombe bien car ma mère adore les mondanités ! Si cela ne tenait qu'à lui, je pense que leur vie serait différente : il n'existe pas de personnalités plus opposées que celles de mes parents. Lui est discret, réservé, il aime la sérénité, le calme et préférerait passer ses soirées à la maison à lire ; elle est bouillonnante, fantasque, bruyante, elle n'aime rien autant que les fêtes, les soirées, les concerts, les galas, ces lieux où l'on s'habille, où l'on se montre, où on célèbre la vie. Mais ne dit-on pas que les contraires s'attirent ?

Ma mère est une femme excessivement coquette, elle accorde une grande importance à l'apparence. D'ailleurs, elle ne paraît en public et même devant nous, sa famille, que parfaitement apprêtée, impeccable de la racine des cheveux jusqu'au vernis des doigts de pied et en toutes circonstances. Dans son environnement immédiat, elle ne supporte pas le négligé. Son personnel, le majordome, le chauffeur, son chef cuisinier, la femme de chambre, l'infirmière, que j'appelle « ses petits soldats », doivent toujours être tirés à quatre épingles.

Par exemple, lorsque ma mère se rend à l'opéra, elle emmène avec elle plusieurs membres de son staff pour le cas où elle aurait besoin d'eux. Avant, elle les a relookés de la tête aux pieds : robes longues et smoking, il n'y a pas un cheveu qui dépasse. Au début, le chauffeur qui exécrait l'opéra a trouvé ça un peu difficile mais il s'y est fait. Si, moi aussi, je suis de la « fête », je suis forcée de revêtir ce que j'ai de plus chic.

Pour ce qui est de ses maisons, elles doivent toujours être éclatantes de propreté, rangées comme dans un musée, la table de réception parfaite à tous points de vue. Aucun doute là-dessus, ma mère sait recevoir. Si cette exigence est une grande qualité pour une maîtresse de maison, pour le personnel qui vit sous son toit, le quotidien peut être pénible.

Quelle que soit l'occasion, ma mère se pare de ses plus beaux vêtements et de tout ce qui va avec : pour aller au cinéma, au restaurant, faire les boutiques, pour la moindre des sorties, elle est sur son trente-et-un. Jamais vous ne la trouverez en négligé ou en jogging et si jamais c'était le cas, le négligé serait couvert de dentelle et le jogging en cachemire, le tout porté avec d'énormes bagues, de grosses pierres précieuses et plusieurs colliers de perles dont la couleur nacrée rehausse son teint de rose. Si je faisais de même, j'aurais l'impression d'être Louis XIV ! Je serais grotesque mais elle, non, ça lui va plutôt bien.

L'élégance lui importe énormément et elle supporte mal que les gens aient perdu l'habitude de « s'habiller » pour aller à l'opéra. Les temps ont changé, l'art lyrique se démocratise et elle regrette que certains rituels se perdent. Lorsqu'elle se rend à des concerts, elle croise des spectateurs qui arrivent directement du bureau, donc en vêtements de ville. Elle les détaille et ne baisse même pas la voix pour exprimer sa désapprobation.

Elle le faisait lorsque j'étais enfant et encore, il y a quelques années, un soir où je l'avais accompagnée au spectacle :

– Oh, as-tu vu comme il est mal habillé, celui-là ?! me dit-elle en me cognant le coude.

Je me suis éloignée, faisant semblant de regarder ailleurs, qu'on ne pense surtout pas que nous sommes ensemble ! Parfois, elle me gêne tellement avec ses réflexions que j'aimerais lui dire :

– MUM, STOP! PLEASE!

… Mais le courage n'est pas au rendez-vous. De toute façon, je ne suis pas certaine qu'elle comprendrait où est le problème. Elle est extravagante, exubérante, disant haut et fort ce qui lui passe par la tête. De ma vie, je n'ai rencontré de personnages comme elle. Un phénomène !

J'aurais tant à raconter sur son comportement quand elle se trouve dans une salle de spectacle ! Déjà, les bavards se reçoivent un bon coup de semonce et un péremptoire : « Allez-vous vous taire ? » Ceux qui tentent de manger un bonbon avec plus ou moins de succès ne sont pas épargnés non plus :

– Va-t-il l'ouvrir son papier ? clame-t-elle d'une voix exaspérée.

Je me cache. J'AI HONTE !

Avec ma mère, si vous êtes enrhumé, mieux vaut ne pas vous aventurer au spectacle. Celui qui ose tousser est bien reçu :

– Mais restez chez vous si vous êtes malade ! s'écrie-t-elle. Il n'arrête pas de tousser, qu'il reste chez lui !

Je me souviens d'une représentation de *La Bohème* à New York. Un moment d'anthologie, là encore. Nous sommes venus à plusieurs avec ma mère et des amis dont Pierre Béique, mais nous ne sommes pas tous placés à côté les uns des autres. Le spectacle commence et, très vite, j'entends un homme qui parle tout haut à son voisin. Évidemment, ma mère qui n'est pas loin, s'agite sur son siège, fait des « ch… ch… ch… » bruyants, s'écrie : « Vont-ils se taire ? » bien plus fort que celui qui parle. Tout le monde regarde vers elle mais l'importun ne se calme pas pour autant. Arrive l'entracte. Ma mère se précipite pour boire un verre au bar et se plaint à son ami :

– Pierre, il y a un homme derrière moi qui parle sans arrêt ! Il me fatigue, ça n'a pas de bon sens !

– Écoute, prends ma place et je vais m'asseoir à la tienne. Si ça continue, j'en toucherai un mot à l'ouvreuse, elle ira voir le type…

Le spectacle reprend et je me retrouve près de Pierre. Quelques minutes plus tard, les bavardages repartent de plus belle et Pierre se retourne brusquement pour voir qui parle. Là, il a un choc.

À quelques fauteuils de nous, je vois ma mère faire des gestes à Pierre pour savoir ce qui se passe et là, j'assiste à une scène surréaliste. Il se baisse pour qu'on ne le voie pas et répond par signes, le plus discrètement possible, en lui pointant du doigt une photo figurant sur le programme de *La Bohème*. Ma mère a mis un peu de temps à comprendre et tout d'un coup, Oh my god ! le « fatigant » n'est autre que Franco Zeffirelli, le metteur en scène de l'opéra !

Pierre Béique qui connaissait tout le monde avait déjà rencontré Zeffirelli. Il est allé le saluer à la fin du spectacle et lui a présenté ma mère qui ne s'est pas gênée pour lui dire que, même s'il était le metteur en scène, on l'avait un peu trop entendu ! C'était plus fort qu'elle. Elle exigeait le respect mais se donnait tous les droits.

*
* *

Mais revenons à mon enfance. Pour que les choses se passent bien avec ma mère, c'est très simple, il faut adopter ses passions, faire tout ce qu'elle veut. Un vrai gendarme. Mordue de bridge, elle ne comprend pas que je n'ai pas envie de jouer. Ce n'est pas que je n'aime pas les cartes mais si je commence à bridger avec elle, le plaisir se transformera en piège, en corvée et elle ne me lâchera plus. Jeune adulte, elle me harcèle encore avec « son » bridge, ses réflexions pénibles et elle m'oblige à m'asseoir près d'elle :

– Tu devrais jouer, ça approfondirait ton intelligence. Quand tu seras vieille, tu seras contente de savoir faire quelque chose… Prends donc des leçons !

Lorsqu'on veut qu'un adolescent soit sûr de lui, il faut l'encourager, le valoriser avec des mots, des compliments ce qu'elle ne sait pas faire. Au contraire, elle me fait sentir que je ne suis capable de rien. Je me sens brimée en permanence.

Je pourrais la suivre sur les terrains de golf, c'est une occupation qui n'est pas désagréable, mais à l'idée de recevoir des ordres toute la sainte journée, j'y renonce. Jusqu'à la fin de sa vie elle a pratiqué son sport préféré en vrai perfectionniste, comme tout ce qu'elle faisait. Ma mère était un peu ronde mais elle avait belle allure car elle faisait beaucoup d'exercices. Il fallait la voir arpenter le green d'un pas enjoué et volontaire. La suivre était exténuant dans tous les sens du terme.

Ces « travers », ses excès ne dérangent pas du tout mon père, au contraire : il est amoureux fou de son énergie impétueuse, de sa gaieté, de ce sourire si séduisant qu'elle pose sur les choses et les gens, un sourire juvénile, charmant.

Il faut que je parle de l'amour débordant que mon père a éprouvé pour ma mère durant toute son existence. Un amour unique, absolu et très beau à voir. Chimiquement pur ! Mon père prend ma mère dans ses bras pour tout et rien, l'embrasse, est très démonstratif dans ses sentiments, lui pourtant si pudique. « Je t'aime tellement ! Je t'aime tellement ! » lui répète-t-il. Jamais je n'ai vu un homme aussi attentionné.

Chaque matin, elle reçoit de lui une rose au petit déjeuner. Lorsqu'il veut lui offrir un bijou, son grand plaisir est de s'amuser à le cacher pour observer sa surprise quand elle le trouve.

Un jour qu'ils sont à Paris à l'hôtel Ritz où ils descendent toujours, il dissimule une broche magnifique dans un bouquet de violettes qu'il dépose sur sa table de chevet. Puis il part pour ses rendez-vous de travail. Le soir quand il la retrouve, pas un mot de ma mère. Il s'étonne :

– Darling, as-tu vu les violettes que je t'ai achetées !

– Ah, oui, oui, c'est gentil, merci !

Un silence. Mon père revient à la charge un jour plus tard :

– Mais… les as-tu regardées de près ?

– Ben, oui, elles sont bien belles…

Mon père ne dit rien de plus pendant deux ou trois jours. Le majordome qui est au courant, descend les violettes tous les soirs dans le coffre-fort de l'hôtel pour les remonter et les placer dans leur suite dès le retour de mes parents ! Jusqu'au moment où, agacé, il prend ma mère à part :

– Bon, Madame Desmarais, maintenant, vous allez bien regarder les violettes comme il faut parce que la direction trouve bizarre de me voir mettre tous les soirs ces fleurs au coffre !

Il est le seul à se permettre de lui parler ainsi ! Elle a ouvert de grands yeux puis elle a plongé le nez dans les fleurs avant de pousser un cri de joie en découvrant la broche en forme de violette, bien sûr ! Voilà les attentions dont mon père est capable, et il en a tellement pour elle !

Une anecdote concernant le Ritz à l'époque où mes parents y passent plusieurs mois par an quand ils sont en France. À chaque visite, dès que la direction est informée de leur arrivée, la suite et les chambres qui leur sont réservées sont aménagées et décorées avec des meubles, des objets qui appartiennent à mes parents, et il y a même des photos de famille pour qu'ils se sentent « chez eux » à l'hôtel. Dans ces conditions, je comprends qu'ils n'aient jamais voulu acheter d'appartement à Paris !

– 4 –

De Chanel à Downton Abbey

On dit souvent que derrière chaque grand homme, il y a une femme. Ma mère ne se mêle en rien des affaires de mon père mais elle est très présente, déterminante dans leur vie sociale. Elle lui apporte toujours son soutien et sa positivité, ce qui rend mon père encore plus confiant dans ses décisions.

Une chose est sûre : jamais mon père ne serait allé si loin dans sa carrière s'il n'y avait pas eu ma mère à ses côtés dès le départ. Cet empire, il l'a construit avec elle, et pour elle et ses enfants.

Je lui en ai toujours voulu de ne pas m'avoir épaulée de la même manière, ce qui m'aurait permis d'avoir confiance en moi plutôt que de vivre dans la peur et la fragilité, en silence, jusqu'à son décès.

Je crois que ce que mon père aime le plus chez ma mère, c'est cette « extravagance chic ». Ses vêtements sont une palette de peintre, une débauche de couleurs où prime le rouge, la couleur préférée de mon père ; tout est rouge, même parfois ses cheveux ! Elle porte très bien les gros bijoux et surtout la fourrure de renard autour du cou, la tête de l'animal bien en vue comme une broche. Ne parlons pas de sa collection de chapeaux qui vont du style satellite au nid d'abeilles ! C'est un vrai spectacle de la regarder, un phénomène ! Mais, pour moi, TRÈS SOUVENT, une gêne !

Ce qui frappe en premier lieu, c'est son port de tête impérial et ses yeux verts magnifiques qu'elle sait admirablement rehausser et utiliser pour la séduction. Sa chevelure courte teintée rousse, parfois orangée, pourrait paraître « too much » pour beaucoup mais elle lui va bien et souligne son tempérament de feu.

Parfois, elle arrive dans la pièce où je suis, sentant encore la laque du coiffeur d'où elle revient. Ses cheveux sont « carotte flamboyant » :

– As-tu vu comme ils l'ont bien réussie cette fois ?

Elle parle de sa teinture, évidemment ! Je souris. Pour rien au monde, je me risquerais à briser un si bel enthousiasme. Et pour dire vrai elle a un tel panache ! Ma mère fait partie de ces personnes dont on dit que les conversations s'arrêtent lorsqu'elles pénètrent dans une pièce car elle dégage un magnétisme incomparable qui la conforte dans l'idée qu'elle est la plus belle et qu'elle ne fait jamais de faute de goût ; elle rayonne. Les gens la regardent et se poussent du coude. Il m'est arrivé d'entrer quelques minutes avant elle et de me retourner pour observer de loin l'effet qu'elle produisait.

Elle a longtemps fréquenté les grands couturiers parisiens, Chanel, Madame Grès, Dior ou Saint Laurent qu'elle adorait jusqu'à ce qu'elle prenne un peu d'embonpoint en vieillissant et qu'elle s'amourache de deux couturiers québécois qui l'habilleront jusqu'à la fin de sa vie. Ils lui proposent des modèles et les lui taillent à sa convenance. Quand on connaît l'exigence de ma mère, je me dis qu'avec leurs équipes, ils ont bien du mérite. Leur atelier est devenu une véritable usine !

La garde-robe maternelle peut s'étendre à l'infini : lorsqu'un modèle de robe, de pantalon lui plaît, elle en commande dix exemplaires de toutes les couleurs. Et, bien sûr, les gants, les sacs, les bijoux… Avec ses chaussures, elle fait de même : le même modèle dans toute la gamme de teintes. Ses « looks » sont très influencés par les séries américaines du moment telles que *Dallas* ou *Dynastie* et, beaucoup plus tard, *Downton Abbey*.

Il lui arrive de dépenser des fortunes en vêtements mais elle peut aussi faire preuve d'une avarice surprenante. Ses couturiers qu'elle surnommait « les boys » m'ont raconté que lorsque la série *Downton Abbey* est sortie, ma mère qui adorait les toilettes des actrices a commencé à leur apporter certaines de ses plus vieilles robes pour qu'ils les transforment en tenue 1900 :

– Pouvez-vous me faire un frison sur le devant et resserrer les manches ? Me rajouter un petit col ?

« Mon Dieu que ça va être beau ! » disait-elle les deux mains serrées contre sa poitrine. « ET J'EN AI BESOIN POUR DEMAIN !! »

Elle ne leur donnait pas le choix malgré le travail qu'ils avaient pour d'autres clientes. Le monde devait s'arrêter : lorsque ma mère désirait quelque chose, c'était tout de suite !!! (Voilà, définitivement, un défaut dont j'ai hérité d'elle et je m'en excuse.)

Ses « boys », comme elle disait souvent, n'ont jamais compris pourquoi elle tenait absolument à recycler ses vieilles robes. Je n'ai pas le souvenir que ma mère se souciât à ce point de l'environnement ! C'était tout de même curieux de s'habiller ainsi en plein XXIe siècle et quand je le lui faisais remarquer, en prenant toutes les précautions oratoires, elle haussait les épaules :

– Pfff… tu ne sais pas ce que c'est que d'être chic !

Je l'ai vue arriver un jour au Carnegie Hall avec ses petits soldats coiffés et habillés, et attirer les regards de toute la salle. Elle était aux anges !

Je me suis parfois demandé ce que j'aurais pensé d'elle si elle n'avait pas été ma mère… L'aurais-je trouvée ridicule, « too much » ou extrêmement élégante ? Mon regard aurait été autre mais une chose est sûre, elle ne m'aurait pas laissée indifférente.

Ma mère est aussi excentrique d'apparence que nous, ses enfants, sommes réservés. Petits, à la maison, pas de blue-jeans, pas de tee-shirts décontractés. C'est maman qui nous habille de la tête aux pieds, en général de velours côtelé bleu marine, avec du blanc, du beige, du vert bronze, du marron, du bordeaux. Des vêtements « bon chic bon genre » et ma sœur et moi, de la même manière, comme des jumelles. Je me sens déjà un peu guindée comme endimanchée, pas à l'aise dans mes vêtements, pas à l'aise dans mes mouvements, pas à l'aise dans ma vie. C'est ainsi que l'on crée des enfants mal dans leur peau, tremblants, et plus tard des adultes « insécures »…

Je ne sais pas pourquoi elle me fait couper les cheveux si courts que j'ai l'air d'un petit garçon. Un jour, à l'accueil de la piscine, je demande une clé pour accéder aux cabines et on me donne celle des vestiaires masculins !

À cet âge, on a tendance à se comparer et on se désole lorsqu'on se voit différent des autres. Je repense au Noël où nous sommes partis avec mes parents en Suisse, à Saint-Moritz, rejoindre leurs amis texans. Leurs filles, du même âge que ma sœur et moi, portent des vêtements à la mode et de longs cheveux bouclés flottant sur leurs épaules. Avec mes tenues sages, j'ai l'air d'une gamine à côté !

Au cours de patinage, elles arborent des fuseaux dernier cri et des bandeaux colorés sur la tête. À ma sœur et moi, ma mère a fait tailler de véritables costumes de patineuses… du siècle dernier ! Culottes et robes en velours vert sapin, bonnets avec deux gros pompons. Ridicule ! J'ai honte, et je dois promener cette honte toute la journée, moi qui ne rêve que d'une chose : me fondre dans la masse.

J'ai bien compris que ma mère adorerait me modeler à son gré, que j'accepte d'être coiffée comme elle le veut, et qu'en grandissant j'adopte son allure, sa manière d'être. Mais non, à l'intérieur de moi, au plus profond, j'ai réussi à sauvegarder un tout petit « moi-même » qui résiste tant bien que mal mais sans jamais provoquer de conflit. Parce qu'au fil des années, une peur insidieuse s'est infiltrée en moi, qui va aller en s'amplifiant et qui m'empêchera de répondre, de me rebeller comme je le devrais. J'ai pris l'habitude de filer doux, de faire profil bas.

J'ai parlé d'amour expansif et démonstratif entre mes parents mais vis-à-vis de nous, les enfants, ce n'est pas la même chose : à la maison, on ne s'embrasse pas, on ne se dit jamais qu'on s'aime, on ne se serre pas dans les bras. D'une manière générale, notre mère ne nous manifeste pas beaucoup de tendresse. Elle n'est pas du genre à venir me border le soir dans mon lit et me lire une histoire pour m'endormir. Je n'ai pas le souvenir que cela se soit produit. Je ne me souviens pas non plus de jeux en sa compagnie, de fous rires complices, de moments partagés. Elle est présente dans mon paysage, mais de loin.

Quant à mon père, il est très sensible, d'une sensibilité qu'on n'imagine pas chez un homme à la tête d'un tel empire, mais j'ai l'impression qu'il est mal à l'aise avec moi qui ai tant besoin de ses bras. Comme s'il ne possédait pas le mode d'emploi. Avec mes frères, il parle affaires, ils vont à la pêche, jouent au golf et un peu au tennis. Mais avec ma sœur et moi, il est d'une pudeur qui frise un peu parfois le manque d'intérêt.

Je nous revois tous les deux en voiture, lui assis à côté du chauffeur, moi à l'arrière sur la banquette, dans le plus grand silence. Je voudrais lui parler mais il m'impressionne tellement que je ne sais pas comment l'aborder. Et comme je suis aussi timide que lui, je n'ose pas faire le premier pas de crainte qu'il ne me rejette.

Parfois, nous sommes dans le salon, chacun dans son fauteuil et lui, plongé dans son livre ou ses journaux. De temps à autre, je lève les yeux vers lui espérant une parole mais il poursuit sa lecture comme si je n'étais pas là. Jamais je n'interromprais mon père dans ce qu'il fait. Il peut avoir un regard, un ton de voix qui ne souffre pas la réplique. Pourtant, c'est un être doux et affectueux mais il ne le réserve qu'à ma mère. Un jour où il est assis sans rien faire de particulier, je m'approche de lui et je grimpe sur ses jambes pour lui glisser les bras autour du cou. Il se raidit tout de suite :

– Mais oui, mais oui, Sophie, je sais que tu m'aimes, je sais que tu m'aimes ! s'écrie-t-il.

Il fait mine de rire mais il repousse mes bras et me fait descendre de ses genoux. C'est fou comme il semble gêné ! D'ailleurs, il est d'une pudeur étonnante : lorsqu'on regarde la télévision en famille et qu'à l'écran un homme et une femme s'embrassent amoureusement, il se lève, affolé :

– Les enfants, il est temps de sortir, là ! Allez, allez, sortez !

Si on ne va pas assez vite, il change de chaîne.

Il n'a jamais modifié sa façon d'être, même lorsque je suis devenue adulte.

Pour ce qui est de ma mère, jamais je ne lui sauterais au cou de peur qu'elle me rejette. On ne s'embrasse pas, même le matin pour se dire bonjour. Elle est déjà à la table du petit déjeuner, dans une élégante robe de chambre, coiffée et maquillée comme une actrice de ces brillantes comédies américaines des années 1970 devant une table tellement garnie et raffinée qu'on croirait un décor de film. Qui oserait déranger sa coiffure, gâcher son maquillage par un baiser ? Lorsque j'arrive, certes dans mon peignoir en éponge mais en ayant veillé à ma mise et à ma coiffure, déjà légèrement maquillée, je n'échappe pas à une réflexion, et, à quelques reprises, j'ai même dû retourner dans ma chambre et attendre qu'elle termine. Quant à mon père, il est prêt pour commencer sa journée, comme toujours très élégant mais le mouchoir dépassant de la poche arrière de son pantalon.

On dit souvent que pour se déculpabiliser, les parents qui n'arrivent pas à exprimer leur tendresse comblent ce manque en offrant des cadeaux à leurs enfants. De ce côté, on est gâtés, en particulier à la période de Noël. Il y a toujours une multitude de cadeaux au pied du sapin. Petite, j'ai une passion pour les poupées Barbie ! Je n'en ai jamais assez.

Jusqu'au jour où…

Pour l'anniversaire de mes 8 ans, je reçois ma première bague, une très jolie bague en forme de fleur avec un grenat au centre, mais moi qui espérais recevoir la dernière Barbie, je suis un peu déçue ! Les célèbres poupées blondes sont très à la mode à cette époque et on voit leurs têtes partout : sur les sacs à dos, les cartables, les trousses, les cahiers… sauf chez nous. Ma mère trouve cela vulgaire et notre équipement d'écolier reste désespérément bleu marine, sans aucun visuel. Triste, quoi !

Rien d'étonnant qu'au retour des fêtes de Noël, à l'école, je regarde vers ma copine de classe et son ravissant coffret de crayons de couleur en forme de livre, avec la petite gomme, le tout se fermant grâce à un aimant et, ô merveille, décoré d'une magnifique tête de Barbie !

Ma bague a beaucoup plus de valeur mais je m'en fiche : quand je vois la boîte, je craque et je lui demande si on peut faire un échange : « Tu me la prêtes juste pour quelques jours, hein… » je précise. Jamais je n'aurais pensé donner mon cadeau d'anniversaire, j'aurais eu beaucoup trop peur de la punition que je risquais de recevoir. Mais, chouette ! ma copine est d'accord.

Je rentre donc à la maison après l'école et je commence à faire mes devoirs avec le joli coffret posé sur ma table. À ce moment, ma mère passe la tête par la porte entrebâillée et me regarde d'un air sévère :

– Elle est où ta bague ? demande-t-elle.

Apparemment, elle se doute de quelque chose mais, malgré tout, je n'ose pas lui dire la vérité.

– Elle doit être par là, je sais plus…

Je fais semblant de la chercher dans un tiroir, dans un autre… mais ma mère interrompt mon mouvement :

– … non, parce que sœur Mathilde (la directrice de l'école) vient de m'appeler au sujet de ta bague. Tu sais très bien qu'elle est chez ta copine puisque c'est toi qui la lui as donnée…

Aïe ! La mère de mon amie, ayant vu la bague, a interrogé sa fille qui lui a avoué notre échange. Peut-être a-t-elle pensé que je lui avais volé le coffret ? Je ne sais pas mais elle a appelé l'école pour se plaindre. Il aurait été plus simple qu'elle téléphone à ma mère, le problème aurait été réglé tout de suite. Sans doute n'a-t-elle pas osé l'affronter, elle non plus. Quoi qu'il en soit, on s'est retrouvées toutes les quatre dans le bureau de la directrice et chacune a récupéré son bien.

Ensuite, ma mère et moi sommes rentrées à la maison.

Sur la route du retour, elle ne dit pas un mot. Je sais qu'elle est furieuse d'avoir été dérangée, et surtout que je lui aie menti. C'est la première fois. Peut-être même pense-t-elle que j'ai voulu me débarrasser de mon cadeau d'anniversaire ? Elle ne m'a pas laissé le temps de m'expliquer.

Il se trouve que ce soir-là mes parents reçoivent quelques amis à dîner. Une occasion en or pour bien marquer le coup d'avoir osé lui mentir.

– Tu vas te mettre à genoux dans l'entrée, me dit ma mère d'un ton sévère. Comme ça tout le monde te verra en passant… Allez !

Je m'agenouille sur le marbre glacé, stupéfaite par la dureté de la punition. Jamais je n'aurais pensé que ma mère soit capable de faire une chose pareille ! Et pourtant !

Les invités arrivent peu à peu, sidérés de me découvrir ainsi et d'apprendre qu'il s'agit d'une punition. Le majordome du moment est debout à quelques mètres de moi, chargé de les accueillir, de prendre leurs manteaux. De temps à autre, il me regarde l'air désolé :

– Ça va, Sophie ?

– Ça fait mal… Le sol est glacé, j'en peux plus… dis-je en gémissant.

En écrivant ces mots, je ressens encore une douleur aux genoux !

– Assieds-toi sur tes fesses, je te préviens si ta mère arrive… me chuchote-t-il.

– D'accord, merci !

J'ai quand même un allié dans la place !

Quand ma tante, la sœur de ma mère, arrive, elle me regarde les yeux ronds :

– Mais qu'est-ce que tu fais par terre, Sophie ? Relève-toi, voyons !

– Non, maman m'a punie…

Elle en reste bouche bée :

– Mon Dieu, ma sœur est devenue folle… a-t-elle murmuré, et elle est entrée dans la maison.

Apparemment, personne n'a pu infléchir la décision de ma mère puisque la punition a duré tout le dîner ! Dès que j'entendais un bruit, je me redressais, tant j'avais peur que ma mère apparaisse. De temps à autre, un de mes frères passait dans l'entrée et me narguait en riant, l'air de dire : « Ça t'apprendra à mentir ! » Comme si lui ne le faisait jamais ! Il n'y a que ma sœur qui m'adressait des petits signes de la main en guise de soutien.

J'ai imaginé un instant que mon père allait mettre fin à ce supplice mais je sais qu'il refuse de se mêler de ce genre de situation ! Lui s'occupe de ses affaires ; ma mère, de la maison et des enfants. Chacun son territoire.

Quoique… Un jour, j'ai appris que lorsqu'il devait renvoyer un employé de la maison pour telle ou telle raison, mon père le faisait faire par ma mère qui avait moins d'états d'âme. Lui en était incapable.

J'ai dû attendre que les invités soient tous partis pour regagner ma chambre. Je me demande ce qu'ils ont pensé en me voyant toujours à genoux et ce qu'ils se sont dit entre eux…

Cette punition ne s'est jamais reproduite, heureusement, même si parfois mes parents étaient rudes. J'ai encore le souvenir d'une fessée donnée à coups de ceinture par mon père sur un de mes frères ou d'un coup de pantoufle par ma mère. Eux non plus n'y ont pas échappé mais j'ignore encore aujourd'hui comment ils l'ont vécu à l'époque.

Voilà une des raisons pour lesquelles, durant toute mon enfance, j'ai eu si peur de ma mère. J'étais terrorisée à l'idée de lui déplaire et lorsque je transgressais les interdits, ce qui m'arrivait rarement, j'étais dans tous mes états. Ma sœur, pareil. Je me souviens d'une nuit où elle et moi étions descendues à pas de loup dans la cuisine pour nous servir une part de gâteau. J'avais le cœur qui battait à la limite du malaise tant je craignais d'être prise la main dans le sac. Ce n'était pourtant pas bien méchant.

Mais, voilà, c'est ainsi. J'ai grandi dans la peur, elle m'a collé à la peau et m'a accompagnée ensuite une grande partie de ma vie.

– 5 –

Au collège Sainte-Marcelline

Vers l'âge de 5 ans, pour mon entrée en maternelle, mes parents m'envoient au collège Sainte-Marcelline, un établissement tenu par des religieuses adorables situé près de la maison. Devenue interne à l'âge de 9 ans, je dors du lundi au vendredi dans cette école. Je n'en comprends pas bien la raison puisque notre maison se situe à dix minutes en voiture. Je me retrouve à devoir participer à la messe tous les soirs avant d'aller dormir dans un dortoir à huit lits dont un est réservé à l'une des religieuses qui dort près de nous. Je me demande souvent quel genre de pyjama elle porte et si elle enlève la cornette de sa tête pour dormir… Malheureusement, je ne l'ai jamais su car je m'endormais très vite. J'en garde un bon souvenir malgré tout.

Le week-end, je le passe avec ma sœur chez mes parents ou chez ma tante chez qui nous adorons aller. Mes deux frères devaient déjà être au pensionnat à cette époque.

Ce souvenir est l'occasion pour moi d'évoquer cette tante bien-aimée et de dire combien la tendresse qu'elle nous a témoignée a compté lorsque j'étais petite :

– S'il te plaît, adopte-nous ! lui dis-je parfois.

Ma sœur renchérit à mes côtés. Elle aussi se sent bien chez notre tante. Elle nous sourit et nous serre dans ses bras. Elle sait que je ne suis pas très heureuse à la maison, elle connaît mon besoin de tendresse. Mais que pourrait-elle dire à sa sœur ? Les choses risqueraient d'être mal comprises, mal interprétées et on pourrait nous interdire de la fréquenter. Elle a donc préféré ne rien dire et ouvrir ses bras quand nous en avons eu besoin.

À cette époque, ma tante est la seule à qui je peux me confier. Je l'aime énormément. Elle et mon oncle sont à mon écoute quand il le faut et je m'entends bien avec mes cousines qui sont de mon âge. Elles sont simples, sans prétention, naturelles. Je découvre la chaleur d'une famille unie, je découvre qu'on peut passer du temps ensemble, aider à préparer le repas, le prendre à la même table, discuter de notre journée, rire et dire des bêtises. Dans ces moments, ma sœur et moi avons l'impression d'être deux de leurs filles. Et comme j'ai besoin de modèle, je regarde le joli visage d'une de mes cousines avec ses beaux cheveux longs. J'aimerais tant lui ressembler !

Auprès de ma tante, je comprends qu'on peut échanger avec un adulte et qu'il peut vous conseiller sans vous faire la morale et sans vous juger. Alors, je lui raconte mes petits secrets, je lui parle de ce garçon qui vit à côté de chez moi et que je trouve si beau. Elle rit, elle me taquine, elle dédramatise tout, avec elle, tout paraît si simple !

À la maison, c'est tellement différent… Chez nous, j'ai l'impression qu'il n'y a que l'apparence et la rigueur qui comptent. Mes parents n'arrêtent pas de me dire que nous sommes des enfants « privilégiés » et que nous devrions en être reconnaissants. Mais chez ma tante et mon oncle nous sommes comme tout le monde, sans complications, sans simagrées et on est très heureux !

Lorsque nous ne sommes pas chez eux, il m'arrive de passer le week-end dans la famille du chauffeur de la maison. Je l'adore. Il a une fille de mon âge avec qui j'aime jouer. Il est comme un second père pour moi.

Lorsque j'étais petite, c'est lui qui m'emmenait chaque jour à l'école dans l'énorme Cadillac familiale. Avec mes frères qui étaient encore à la maison, on se battait pour être assis devant près de lui. Pour être sûre d'être prête le matin avant eux, il m'arrivait de me coucher tout habillée dans mon uniforme après avoir bien serré les draps de mon lit pour ne pas trop bouger.

Le matin, il me fallait dix secondes pour refermer un lit à peine froissé. Après une toilette de chat, je dévalais les escaliers, prenais mon petit déjeuner en quatrième vitesse et courais m'installer à l'avant de la voiture. Mes frères étaient obligés de s'asseoir à l'arrière, ce qu'ils détestaient « parce qu'on a l'air d'idiots » disaient-ils ! J'étais bien d'accord. À ma demande, le chauffeur me déposait deux rues avant l'école et je faisais le reste à pied. Je ne voulais pas qu'on me voie descendre de la Cadillac.

À cet âge, on ne frime pas, on veut juste être comme les autres.

On peut s'étonner qu'une fillette de cet âge passe ses week-ends dans la famille du chauffeur ou que mes parents décident de nous mettre tous très tôt en pension. J'ai l'impression qu'avec mes frères, nous avons été élevés séparément. S'ils n'ont pas pu vraiment remplir leurs fonctions de grands frères, ce n'est pas leur faute. Nos rôles étaient écrits et nos trajectoires tracées à l'avance. Je ne leur ai jamais dit mais ils m'ont manqué.

Ensuite, nos vies nous ont rattrapés, dépassés, chacun a été pris par ses occupations, femmes, maris, enfants… et le rapprochement ne s'est jamais vraiment produit comme je l'aurais tant aimé.

Au collège Sainte-Marcelline, j'apprends la vie de pensionnaire et j'observe parfois des différences entre les autres et moi. À chaque récréation, une des religieuses ouvre un placard rempli de friandises où sont rangés des petits paquets de chips, des barres chocolatées, des gâteaux secs, des bonbons… Toutes les filles se précipitent une pièce de monnaie à la main. Moi, je reste de côté : je n'ai pas d'argent sur moi. Si j'en demandais un peu à mes parents, ils me le donneraient, c'est sûr, mais j'en suis incapable. Est-ce la peur qu'on me dise « non » ? Je l'ignore. C'est une peur irrationnelle, sans fondement, que je ne parviens pas à dépasser. L'acte de demander est tout simplement au-dessus de mes forces.

Je préfère me débrouiller autrement et pas de la plus belle des manières. Lorsque je suis à la maison, tandis que mes parents sont occupés à regarder la télévision, dans la bibliothèque du bas, je me lève du lit et marche sur la pointe des pieds vers une commode sur laquelle est posé un grand bol dans lequel mon père jette sa petite monnaie. J'ai la trouille mais je prends quand même juste de quoi m'offrir un petit goûter quotidien et je repars le cœur battant vers ma chambre, comme si j'avais commis une énorme bêtise !!! Un gros cambriolage ! C'est stupide mais cela montre bien la complexité de nos rapports, et surtout l'absence de communication. Le pire c'est que je n'ai jamais osé leur dire ! Je me vois encore brasser la monnaie dans le bol après avoir pris une pièce de 10 cents, l'équivalent de 20 centimes de l'époque, en espérant que mon père ne le remarquera pas. J'étais terrorisée par l'acte mais c'était plus facile de voler cette petite monnaie que de leur demander ! C'est avec la crainte et le mensonge que je me suis construite. Je détestais cela mais il fallait bien que je me débrouille d'une façon ou d'une autre.

À sa manière, je ressemblais à mon père qui n'avait jamais un sou sur lui ! C'est son majordome qui l'accompagne et qui règle tous ses achats. À ce propos, un jour, mon père est à Paris comme souvent et il décide d'aller se promener, seul. Avenue du Faubourg-Saint-Honoré, à l'angle d'une rue, il aperçoit une boutique de chocolats Godiva. Bonheur absolu ! Mon père est très gourmand, il a même l'habitude de cacher des friandises dans les tiroirs de sa chambre pour pouvoir grignoter quand l'envie lui prend. Il entre donc dans le magasin, fait une sélection de chocolats mais au moment de payer, il se rend compte qu'il n'a pas un centime sur lui :

– Pouvez-vous me garder la boîte ? Je reviens tout de suite ! dit-il un peu gêné à la serveuse.

En sortant, il repère le magasin dans lequel il a l'habitude d'acheter ses chemises, ses cravates et faire faire des costumes renommés pour la finesse de leurs tissus et de leurs finitions. Il entre et, tout de suite, on le reconnaît. Une vendeuse s'approche :

– Bonjour Monsieur, comment allez-vous en cette si belle journée ? En quoi puis-je vous aider ?

Gêné de ne pas avoir le courage de demander cent francs pour s'acheter ses chocolats, mon père décide de commander suffisamment de costumes pour pouvoir, ensuite, demander qu'on lui prête l'argent qui lui manque.

Après que mon père a passé une heure dans la boutique, le tailleur lui rappelle qu'il y a plusieurs costumes déjà commandés par le passé que personne n'est venu récupérer !! C'est très typique de mon père.

– Ah, très bien, merci ! répond mon père, un peu mal à l'aise. Pourriez-vous faire déposer les affaires à mon hôtel ainsi que la facture ? Oh, à propos, est-ce que je pourrais vous demander une faveur ?

– Bien sûr, Monsieur !

– Pourriez-vous me prêter cent francs et ajouter cette somme à ce que je vous dois ?

Évidemment, on lui a rendu ce service et avec grand plaisir ! Il a donc commandé des costumes dont il n'avait pas besoin pour qu'on lui prête cent francs. Ce jour-là, ses chocolats lui sont revenus très cher ! Il aurait pu demander simplement au patron de la boutique qui le connaissait très bien de le dépanner. Mais non, impossible ! J'étais exactement comme lui.

J'ai encore du chemin à faire avant d'avoir confiance en moi… Au fil des années, j'ai appris à rester « à ma place », sans pouvoir définir laquelle, personne ne devant faire de l'ombre à ma mère, à l'organisation de vie parentale. Peu à peu je me suis effacée sans même m'en rendre compte. Rester à l'écart, en retrait pour tout devient quelque chose de naturel. Je suis une peureuse. J'ai vécu ainsi une bonne partie de mon enfance et le « soi-disant » super internat suisse que je m'apprête à rejoindre ne va rien arranger. Au contraire. À partir de ce moment, ma vie va basculer.

Je cherche toujours à comprendre ce qui a motivé la décision de mes parents de m'envoyer en Suisse, si ce n'est une conversation entre ma mère et un ambassadeur, ami de mon père, qui avait envoyé ses filles avec succès dans ce pensionnat « exceptionnel ».

Avant de partir pour la Suisse, il faut que je dise un mot sur l'année que j'ai passée aux États-Unis. En début de 4e, mes parents m'ont inscrite dans un collège américain, pensant que je pourrais y achever mes études secondaires. J'ignore pourquoi ils ont fait ce choix mais ils l'ont fait. À 13 ans, je me retrouve sur un immense campus américain, totalement perdue et anxieuse de cette autonomie qu'on m'impose et dont je ne sais que faire, n'y étant pas préparée.

La peur m'habite où que j'aille.

Je ne parlerai pas de cette année maudite, car elle restera dans ma mémoire pour toujours, comme un trou noir, une ombre, une souffrance au plus profond de moi qui se réveille parfois et qui me fait encore pleurer en silence. Elle expliquera une grande partie de ma fragilité à venir.

– 6 –

L'enfer au paradis

Mes frères sont à l'université, ma sœur en pension et moi je m'apprête à emprunter la voie que suivent la plupart des enfants de familles fortunées de cette planète. Nous sommes en 1976. Pour mon entrée en 3e, mes parents m'ont donc inscrite dans un internat en Suisse, l'un des plus chics, des plus fameux qui accueille les élèves en fonction des revenus de leurs parents avant même leurs résultats scolaires.

Ma mère m'a montré le dépliant envoyé par l'école : sur le papier glacé, c'est un petit paradis. Un établissement d'architecture traditionnelle avec le confort de la modernité, au cœur des Alpes suisses, dans un environnement verdoyant, avec des adolescents beaux, souriants et qui semblent nager dans le bonheur. L'endroit idéal pour y recevoir la meilleure éducation du monde. Qui refuserait d'y aller ? Cela me permettait surtout de fuir l'école américaine.

J'ai dit d'accord, mais on ne m'a pas demandé mon avis. Tout de même, j'ai 14 ans et je pars vivre à plus de 6 000 km de ma famille ! Je suis déjà venue en Europe avec mes parents pour des vacances mais jamais je ne suis restée seule, si loin d'eux. Moi qui ai peur de mon ombre, j'ai quelques appréhensions que ma mère calme avec l'énergie qui la caractérise.

Pour elle, la crainte de me retrouver aussi loin n'est pas compréhensible. À l'approche du départ, lorsque j'essaie de lui faire part de mon angoisse, ma mère traduit systématiquement cela comme une plainte. C'est sa façon d'être :

– Arrête de te plaindre ! dit-elle. Toutes les bonnes familles envoient leurs enfants là-bas, voyons ! Allez, tu reviendras pour les vacances. Tu verras, Noël arrivera vite…

De toute façon, il n'y a pas à discuter. Mon inscription en internat de luxe est dans l'ordre des choses. Paradoxalement, je ne suis pas mécontente de m'éloigner de la rigidité familiale et de respirer un autre air. Et puis, tout plutôt que le campus américain !

Pour la préparation de mon bagage, ma mère a suivi à la lettre le guide de l'école avec la liste de tout ce dont les élèves peuvent avoir besoin : « 4 pantalons, 4 chemisiers, 4 pulls de laine… » Elle ne s'est pas demandé si elle pouvait glisser dans ma valise un ou deux vêtements qui me feraient plaisir de porter. Non, la liste, rien de plus. Pour ce qui est des chaussures, je dois avoir une paire de mocassins en cuir et des baskets et surtout pas de talons. Si aujourd'hui je suis folle de chaussures, c'est certainement lié à l'interdiction de ne pas avoir pu porter des modèles que j'aimais.

Dès mon arrivée sur place, je suis frappée par l'élégance des filles qui descendent de l'autocar et des grosses voitures. Elles portent toutes de magnifiques pulls en cachemire, des écharpes en soie, des sautoirs, des barrettes à la mode. Avec mon caban bleu marine, mon pantalon « pattes d'éph », mon pull rayé années 1970, mes cheveux courts sans aucun maquillage, je me sens minable. D'autant que la tendance est plutôt aux pantalons « cigarette », aux jeans droits. En tout cas, c'est ce que portent les jolies Européennes que je remarque. Bref, je retarde définitivement d'une mode, j'ai tout faux et je vais devoir vivre avec !

Dans ce collège international, arrivent les enfants des plus grandes familles italiennes, américaines, iraniennes, espagnoles ou arabes. Et cela se voit. Mes parents sont aisés, je le suppose car nous vivons confortablement et entourés de jolies choses, mais je ne m'en suis jamais préoccupée. Je suis une jeune fille ignorante des affaires de mon père. Avec l'arrivée de ces enfants de familles prestigieuses, je vois surtout des signes extérieurs de richesse et, spontanément, cette ostentation me déplaît. Ils ont tout et ils le montrent à tous. Je n'ai pas été éduquée ainsi.

Mes parents m'ont accompagnée pour rencontrer le directeur de l'établissement et visiter les lieux. Le prospectus n'a pas menti, le collège est environné de hautes montagnes et de forêts, l'endroit est extraordinaire. Sa position en hauteur permet un coup d'œil sans pareil sur les vallées environnantes et les pistes de ski. À cette époque, le pensionnat est connu mais peu de gens ont construit aux alentours. Aujourd'hui, c'est devenu un grand village.

Je sais également que les collégiens portent des uniformes. Lorsque j'y étais, il n'y en avait pas. C'est d'ailleurs dommage, car j'aurais été beaucoup moins complexée qu'avec mes vêtements démodés. La seule tenue particulière est celle qu'on est tous obligés de porter pour aller skier : combinaison bleu marine, pull orange, bonnet orange. Un vrai sac d'oranges ! Des couleurs vives pour mieux nous voir. J'ai l'impression d'être une employée d'aéroport qui aide les avions à se garer sur le tarmac !

Après avoir posé ma valise dans la chambre que l'on m'a attribuée, nous avons pris connaissance du règlement : tenue correcte exigée, pas de blue-jeans, pas de maquillage et obligation de garder sa chambre rangée et propre. Interdiction de boire de l'alcool, de fumer dans l'établissement excepté dans le fumoir prévu à cet effet pour les élèves à partir de la 2de. Pour ce qui concerne le contact avec l'extérieur, un seul appel aux parents par semaine. Si, de mon côté, je veux les appeler, il me faudra aller à la poste. Évidemment, je peux leur envoyer des lettres, ce que je n'ai jamais fait. On ne se parle pas, alors que pourrais-je bien leur écrire ?

Puis mes parents sont repartis passer quelques jours à Paris avant de retourner chez nous.

Les débuts sont toujours difficiles lorsqu'on arrive dans une nouvelle école, d'autant que j'arrive déjà fragilisée. Après quelques semaines, mon sentiment de malaise persiste et, je sens bien que je ne m'intègre pas, je ne réussis pas à me faire une seule amie.

Ma chambre comme toutes celles des filles internes est située dans une maison à part du collège, un joli bâtiment de style suisse. Je partage mon espace avec trois autres pensionnaires, une Chinoise ravissante, une Américaine belle mais méprisante, et une Italienne. La plupart du temps, elles sont lointaines, indifférentes, et je vois bien qu'elles ne m'aiment pas. Nous sommes dans la même classe mais jamais elles ne m'invitent à venir avec elles. Quand j'ose m'imposer, elles ne me repoussent pas mais je me sens comme un boulet. J'imagine combien elles doivent se plaindre aux autres d'avoir dans leur chambre un fardeau comme moi.

J'ignore comment se décide la répartition des élèves dans les chambres mais l'année suivante, je me suis retrouvée avec deux filles et l'année d'après avec une seule, toutes de mon « profil », c'est-à-dire mal dans leur peau, peu inspirantes, rejetées des autres. Comme si on avait regroupé les pleureuses entre elles. Les laides avec les laides, les nulles avec les nulles, et tout va bien !

Je pleure beaucoup, je le reconnais. À 14 ans, je me sens immature, toute petite et j'ai le réflexe des enfants : quand je suis seule, que je m'ennuie, je pleure dans mon coin. Une vraie fontaine.

Je ne tarde pas à appeler mes parents au secours mais ils n'entendent pas ma plainte. Mon père ne me prend presque jamais au téléphone et ma mère ne perçoit pas mon mal-être. Et, surtout, elle ne pose aucune question. Une fois qu'elle a dit : « Allez, allez, Sophie, arrête, je suis sûre que tu exagères comme toujours, sois patiente, ça va s'arranger ! », elle passe rapidement à autre chose. Parler d'elle, c'est le sujet qu'elle préfère.

Peu à peu, mes appels se sont espacés en espérant qu'ils se doutent de quelque chose ! Mais non, ils ne cherchent même pas à savoir pourquoi. De toute façon, à quoi bon téléphoner puisque ma mère ne me croit pas et pense toujours que j'exagère ? Un collège si beau, si réputé, comment est-ce possible de ne pas être heureuse ? Je commence à comprendre que, pour m'en sortir, je ne pourrai compter que sur moi-même. Encore faudrait-il que je trouve en moi la force nécessaire…

À l'internat, l'organisation est très stricte. Nous passons toute la journée en cours avec une pause pour le déjeuner et une autre de 16 à 17 heures. L'étude a lieu de 18 heures à 20 heures. Ensuite, celles qui ont terminé leurs devoirs plus tôt peuvent aller se détendre dans le salon et écouter de la musique. Dîner à 20 h 15, douche vers 21 heures et à 21 h 30 extinction des feux. Radio et télévision sont interdites. Beaucoup se sont fait confisquer leurs baladeurs, leurs mini-transistors. Du lundi au vendredi, la gouvernante passe dans les chambres et fouille l'intérieur de nos armoires en notre absence pour trouver quelque chose à saisir. Elle est intraitable et son physique va avec. Nombreuses sont les filles qu'elle a envoyées se laver le visage parce qu'elles ont osé mettre un peu de khôl sur leurs yeux et du gloss sur les lèvres ! J'en ai fait partie tout en sachant que c'était interdit. Cette femme voit tout même lorsque nous avons la tête baissée, rien ne lui échappe. Parfois, je la sens heureuse de nous avoir démasquées.

Le matin, elle sonne la cloche pour nous réveiller à 7 heures. À 7 h 30, petit déjeuner et c'est reparti pour une journée interminable. Le temps semble long lorsqu'on ne parle à personne ou presque. Personne ne m'a encore conviée à entrer dans un groupe et, ici, pour s'amuser et se sentir bien, il faut appartenir à un clan. Au-delà des nationalités qui ont tendance à se rapprocher, et c'est normal, il y a des affinités comme partout. Dans des lieux comme l'internat, la solitude est insupportable voire dangereuse parce qu'on peut rapidement devenir un bouc émissaire. Dans ce cas, le groupe se ligue contre l'individu et cela devient intenable pour lui. Mon passage au collège m'aura au moins appris une chose : il n'existe rien de plus méchant que des enfants ou des adolescents entre eux.

Ici, j'ai l'impression de ne pas avoir d'identité, d'être invisible et que les regards mauvais pleuvent sur moi. Je me sens différente, gênée, stupide. Dieu sait pourtant que je fais tout pour qu'on m'aime : je suis aimable, je cherche toujours à rendre service, à aider les autres, je me fiche de la compétition. Mais plus j'essaie de pénétrer ces clans, plus on m'en écarte. On critique ma gentillesse excessive qui semble suspecte et sans doute a-t-on raison de le penser : je serais prête à tout pour me faire des amis. Au risque qu'on abuse de ma naïveté.

Comme ce jour où j'ai été si heureuse que l'on m'invite au salon de thé avant d'en comprendre la vraie raison ! C'est un endroit convivial où se retrouvent les élèves quand ils n'ont pas cours dans la journée, c'est-à-dire de 16 à 17 heures, un café un peu chic, un chalet en bois de type autrichien avec des serveurs en costume. L'endroit est assez bruyant, il y a beaucoup d'ambiance d'autant que les touristes de passage et les vacanciers du Club Méditerranée y viennent aussi. Les surveillants du pensionnat passent régulièrement pour vérifier que les élèves se tiennent bien.

J'ai l'habitude d'y aller seule puisque personne ne me propose de m'accompagner. Je bois un chocolat en relisant mes cours et en essayant de faire abstraction des éclats de rire autour de moi. Ou bien je prends un livre comme paravent pour cacher ma solitude.

Un soir après les cours, quatre filles de ma classe me font signe qu'elles m'emmènent avec elles si je veux. Folle de joie, je leur emboîte le pas. Elles s'installent à une table, on commande et elles commencent à papoter entre elles. Personne ne me parle mais je suis quand même heureuse d'être là. Je les regarde en buvant leurs paroles autant que mon chocolat. Jusqu'au moment où elles se lèvent et l'une d'entre elles me dit :

– Alors, Sophie, tu nous invites ? Nous avons toutes oublié notre argent. Tu serais tellement gentille de nous payer nos boissons…

Comme une idiote, je me sens heureuse de le faire car je suis persuadée que ce geste m'apportera à coup sûr l'amitié que je recherche tant.

Le temps de réaliser le coup qu'elles viennent de me faire, elles ont quitté le salon de thé. Je n'en reviens pas : voilà pourquoi elles ont convié « le vilain canard » à les accompagner ! J'aurais dû être échaudée mais ça ne m'a pas servi de leçon parce que ce moment passé a été plutôt agréable, et c'est toujours ça de pris. Je raisonne ainsi. Il m'arrive souvent de donner tout mon argent de poche pour me faire des amis ! Je n'ai jamais pensé que l'argent pouvait tout acheter mais je suis perdue, je ne sais que faire pour sortir de cet isolement.

Les filles m'ont bien eue et me voilà sans un sou en poche ! Au pensionnat, on a droit à 5 francs suisses par semaine mais on ne nous les donne que si on remplit certaines conditions, dont celle d'avoir bien rangé notre chambre. Si la gouvernante, une dure à cuire qui s'occupe de nous, trouve une chaussette qui traîne, elle retire 20 centimes de la somme, 50 centimes ou 1 franc pour des faits plus graves. Donc je fais bien attention. Cette fois, je n'ai plus rien et je ne vais pas aller me plaindre. J'ai trop honte de ma naïveté. Comme toujours, il ne me reste que mes yeux pour pleurer.

Dans le règlement qui nous a été remis, il est bien stipulé qu'on ne peut pas recevoir davantage que la somme prévue, mais je vois bien que certains parents passent outre, qu'ils donnent beaucoup plus et personne ne dit rien. Les miens ont suivi la règle à la lettre : 5 francs et pas plus. Je pourrais les appeler pour que, exceptionnellement, ils m'en envoient un peu plus mais il faudrait leur raconter le pourquoi du comment… EH BIEN NON, tant pis ! J'attendrai la semaine prochaine pour m'acheter quelque chose.

Tous les mercredis après-midi, nous allons skier dans nos tenues couleur « travaux publics ». Parfois, sur le chemin, on croise les étudiants du collège voisin. Pour la plupart, ce sont des Américains et, contrairement à nous, ils portent de très beaux uniformes bleu marine. Élégants, beaux, joyeux, je ne me lasse pas de les regarder avec une certaine jalousie. J'aurais tellement voulu être avec eux !

Sur les pistes, alors que je skie tout à fait correctement, les railleries repartent de plus belle et pour une raison stupide : parce que je suis canadienne, il faudrait que je dévale les pistes comme une slalomeuse de Jeux olympiques. Ce qui n'est pas le cas, et surtout pas sur de la poudreuse ! Au Canada, j'ai appris à glisser sur de petites pistes. Ici, dans les Alpes, je me retrouve face à des pentes vertigineuses et j'ai assez peur de me lancer. Alors, on se fiche de moi :

– Oh, qu'elle est lente ! Il faut toujours l'attendre !

Ce n'est pas vrai mais tout est bon pour me démolir. Même là, alors que je pourrais passer un bon moment, m'amuser avec les autres sur les pistes et les remonte-pentes, je reste seule, désespérément seule.

Je suis consciente que beaucoup d'enfants ont également subi des moqueries à l'école de la part d'autres élèves mais, contrairement à moi, certains n'en ont souffert qu'un temps et ont réussi à dominer la situation sans que leur vie d'adulte en soit impactée. En revanche, lorsque l'on endure comme moi des vexations, des humiliations à répétition, chaque jour pendant des années, quelque chose fait que l'on doute de soi définitivement.

Quand vous passez votre vie à entendre que vous êtes moche, bête et nulle, vous finissez par le croire. Après tout, pourquoi aurais-je raison contre tout un groupe ? Si une, deux, trois personnes me repoussaient, ce serait moins grave mais, là, c'est tout le monde ! Personne ne veut de moi, ou on abuse de ma gentillesse, de ma timidité, et ce mot « abus » qui tourne dans ma tête fait écho avec ce que j'ai vécu un an plus tôt. Inconsciemment, je me sens stupide, grosse, laide et je finis par comprendre qu'on ne veuille pas de moi comme amie.

Ils ont même réussi à me dégoûter de moi-même.

Je continue à appeler au secours en téléphonant à mes parents depuis la petite poste du village. Je pleure, je les supplie de me laisser revenir à la maison. Rien à faire.

Les week-ends sont interminables. Après les cours du samedi matin, de grandes et belles voitures viennent chercher certains collégiens suisses ou français et tous ceux qui vont passer deux jours avec leur famille ou invités chez des amis. Évidemment, moi je ne bouge pas. Parfois, on nous emmène pour la journée à Lausanne, à Genève ou au ski, mais la plupart du temps, on reste là à s'occuper comme on peut.

Récemment, j'ai vu dans la série *The Crown*, l'épisode où le prince Charles est conduit par son père au collège de Gordonstoun en Écosse. Apparemment, Charles y a beaucoup souffert. Timide et sensible, il était le souffre-douleur des autres enfants, mais le prince Philip, qui y avait étudié, tenait à ce que ce soit là que se fasse son instruction pour que Charles s'endurcisse et devienne un homme !

J'ai pleuré du début à la fin de l'épisode et la nuit suivante j'en ai fait des cauchemars : j'ai revu tout ce que j'avais vécu adolescente dans le pensionnat suisse. Comme moi, Charles a supplié ses parents de mettre fin à cette torture mais on ne l'a pas écouté.

Lorsqu'on est le mouton noir de la classe, comment parvenir à étudier et à se concentrer ? Je l'ai dit, je dois beaucoup travailler pour me maintenir dans la moyenne. Si je ne m'épuisais pas à guetter le moindre signal d'intérêt pour moi, j'étudierais plus efficacement, c'est sûr.

Ici, les professeurs ressemblent à leurs collègues d'université : ils parlent sans jamais s'arrêter pour expliquer un point délicat ou même demander si tout le monde suit. Par exemple, je ne comprends rien en chimie et je suis bien trop timide pour lever la main. De toute façon, le prof ne semble jamais disponible. Alors, le nez baissé, je prends machinalement tout en note.

Un lundi matin, le professeur arrive dans la classe : « Contrôle de chimie ! » dit-il. Tout le monde sort une copie double comme on le fait pour ce genre d'exercice. J'ai la main qui tremble, le cœur qui s'affole. N'ayant rien compris à la leçon précédente, j'avais tout appris par cœur, de manière photographique et je me souviens de chaque mot sur la page. Que faire d'autre que retranscrire fidèlement mais sans comprendre ce que j'ai écrit sur ma feuille, la leçon du prof au mot près.

Le vendredi suivant, il me tend ma feuille :

– Zéro ! dit-il d'un ton neutre.

Autour de moi, comme d'habitude, les rires et les moqueries explosent. Je ne sais pas où j'ai trouvé le courage de lever la main :

– Heu… Monsieur ?…

– Oui ?

– Vous m'avez mis zéro et ce n'est pas normal, j'ai écrit exactement ce que vous avez dit pendant le cours…

– Oui, mais c'est de la triche, vous l'avez recopié…

– Pas du tout, je le connais par cœur.

Le professeur s'arrête de rendre les copies et me regarde d'un air grave :

– Ah oui ? Alors venez sur l'estrade, vous allez refaire le contrôle devant la classe.

Je me suis levée, les jambes tremblantes, et malgré la peur qui me broyait le ventre, j'ai réécrit les exercices exactement sans oublier un mot. La tête du professeur ! Il était stupéfait. Les élèves aussi mais, pour eux, quoi que je fasse, je restais une cloche.

Ma note a été revue à la hausse : 20/20. Mais le professeur m'a dit qu'il ne voulait plus revoir ça :

– Ça ne sert à rien d'apprendre par cœur si vous ne comprenez pas. Posez des questions si ce n'est pas clair…

Je n'ai pas osé dire que j'avais du mal à suivre son cours. Son élocution française est parfois difficile à comprendre pour moi, il parle très vite avec des mots que je ne reconnais pas dans mon français canadien. Mes parents ont tenu à me mettre dans la section française alors qu'à la maison nous parlons plus souvent en anglais. Mais voilà, le rêve de ma mère est que je passe mon baccalauréat.

Une des choses qui m'ont beaucoup frappée quand je suis arrivée au pensionnat, c'est le niveau de culture des jeunes. Il y a partout des gens en train de lire ou d'échanger des idées. Moi, je n'ai pas l'habitude de prendre la parole, et je n'aime pas lire : on m'a forcée à le faire en omettant de me dire qu'on pouvait y prendre beaucoup de plaisir.

Au fil des années scolaires, je vais découvrir Baudelaire, Lamartine, Balzac et *Le Père Goriot*, Stendhal et *Le Rouge et le Noir*, et tant d'œuvres littéraires. J'ai du retard par rapport aux autres, l'apprentissage est très difficile pour moi et il m'a fallu du temps pour maîtriser le français et apprécier toutes les finesses de la langue.

Aujourd'hui, quand je vois le bien-être que m'apporte la littérature, je me dis que j'ai perdu bien des années à me débattre contre quelque chose de merveilleux. Et je me pose à nouveau la question : pourquoi mon père ne m'a-t-il pas transmis le goût de la lecture, lui qui adorait lire ?

Le premier Noël est arrivé moins vite que ma mère me l'avait promis. En novembre, je n'en pouvais déjà plus. Mais cette fois, ça y est, je suis en vacances !

Après deux heures d'autocar jusqu'à Genève, assise seule au fond, j'ai pris l'avion pour la Floride où notre famille passe les fêtes de fin d'année. Je suis heureuse, bien sûr, mais j'arrive moralement brisée. Tout ce qui m'importe, c'est de savoir que je vais avoir trois semaines de répit, sans brimades, sans moqueries. Le paradis. Le vrai, cette fois-ci !

J'imaginais que mes parents me poseraient quelques questions sur le collège, sur ma vie en Suisse, ce que feraient normalement, tous les parents, me semble-t-il. Pas les miens. Ils se sont simplement contentés d'un :

– Hi, darling! Welcome home!!

Puis ils sont passés à autre chose.

De mon côté, je ne voudrais pas gâcher leurs vacances avec mes histoires. S'ils s'en étaient vraiment souciés, peut-être me serais-je ouverte à eux. Finalement, mieux vaut qu'on ne parle pas de l'internat, c'est un terrain trop sensible. Je suis tellement fragile à ce sujet que lorsque des amis de mes parents passent à la maison et qu'ils me demandent avec enthousiasme : « Alors, tes parents nous disent que tu es très heureuse dans ce fameux pensionnat suisse ? Raconte-nous ! » Les larmes me montent aux yeux et je quitte la pièce pour qu'on ne me voie pas pleurer sans pouvoir prononcer un mot. Mes années d'internat en Amérique ou en Suisse sont des sujets tabous pour moi, il ne faut pas les évoquer.

J'ai oublié de dire que mes parents ne supportent pas les larmes. Toute expression physique d'un chagrin leur est intolérable. Chez nous, pleurer est une interdiction. « Stop crying ! » me disait mon père quand j'étais petite et que je commençais à larmoyer. J'entends encore le ton de sa voix qui me faisait très peur.

Je me dérobe, je fuis, je promène un visage triste mais cela ne les dérange pas plus que ça. Ce que ma famille ignore, c'est qu'à partir de la moitié des vacances, chaque soir je pleure dans mon lit en comptant les jours qui me restent jusqu'au retour tant redouté au pensionnat. Je vois déjà les filles et les garçons monter dans le car à l'aéroport, s'embrasser et se serrer dans les bras en se souhaitant la bonne année. Tous si heureux de se revoir et de se raconter chacun leurs vacances. Et moi, petite ombre que personne n'attend, me faufiler parmi eux pour m'asseoir à l'arrière du bus comme si cette place m'avait toujours été réservée, constamment éloignée des autres. Un vrai bonheur quoi !!

Un jour, j'ai bien cru avoir trouvé le moyen d'attirer un peu l'attention sur moi, dans l'espoir de me faire des amis. C'est ma quête principale depuis mon arrivée au collège !

Je me trouve dans le kiosque à journaux du village pour m'offrir un Carambar, lorsque j'aperçois sur la couverture d'un magazine « people », le chanteur québécois, Robert Charlebois, assis à un piano dans un salon que je reconnais tout de suite :

– Mais… c'est chez nous !! dis-je en regardant la photo de près.

« Chez nous », c'est-à-dire dans le chalet de mes parents situé au Mont Gabriel, au nord de Montréal. Je laisse tomber le Carambar et j'achète le journal où je découvre d'autres photos du musicien dont je sais qu'il est très ami avec mes parents. Sur l'une d'elles, il est allongé sur leur lit, cigare au bec ; là, il nage dans la piscine intérieure ou bien il pose dans la salle à manger et sur la belle terrasse en bois. Incroyable !

Tout de suite, je me suis dit que je pourrais partager cet article avec l'espoir de m'attirer un peu d'attention. Je suis persuadée que si les autres voient que mes parents fréquentent quelqu'un de célèbre au point de lui prêter leur maison pour faire un reportage-photo, cela rejaillira forcément sur moi. À leurs yeux, je prendrai de l'importance.

– Ce serait une bénédiction du ciel ! me suis-je dit.

J'y vois presque un coup de pouce de là-haut ! Arrivée au collège, j'entre dans ma classe, tout excitée de montrer le journal, surtout à ceux qui me méprisent le plus. Je vais enfin compter à leurs yeux, peut-être être plus appréciée, et, qui sait, être acceptée dans un groupe ? Et, bonheur absolu, terminer l'année tranquillement ?

Je tourne les pages du magazine devant ceux qui acceptent pour une fois de m'écouter, expliquant qu'il s'agit de notre maison, que Charlebois, immense vedette au Canada, est un intime de mes parents. On me regarde bizarrement et je réalise que peu d'entre eux connaissent ce chanteur, ou font semblant de ne pas savoir qui c'est. Pour moi, tout le monde connaît la chanson « Je reviendrai à Montréal » ou « Les ailes de Québec ». Un des élèves qui en a entendu parler, lit quelques lignes de l'article et me toise méchamment :

– Où c'est écrit que c'est ta maison ? Charlebois dit qu'il est chez lui ! On parle pas du tout de tes parents…

– Oui, mais c'est pas vrai, c'est juste pour les photos… dis-je d'une voix tremblante.

Déjà, je sens que mon rêve vacille. Finalement, tous se sont détournés de moi et, à la fin du cours, je me suis retrouvée toute seule comme avant, avec de nouvelles insultes comme : « Mythomane ! », « Qu'elle est conne, celle-là ! » auxquelles s'est rajouté les jours suivants : « Attention, v'là la menteuse ! » Maintenant, on me traite d'affabulatrice, d'imbécile, il y a des chuchotements quand je passe, des ricanements. Et, dans la classe, je redeviens la cible préférée des lanceurs de boulettes de papier. Avec moi, ils sont tranquilles, ils savent que je n'oserai pas me rebeller.

Quelle histoire, tout ça pour ça ! C'est terrible à encaisser, je me sens victime d'une profonde injustice.

J'ignore si les deux événements sont liés mais, peu après, il est arrivé quelque chose d'assez grave qui a même nécessité l'intervention de la gendarmerie. J'ai été accusée par des élèves d'avoir volé de l'argent, des dollars plus précisément, et quelqu'un a demandé à ce qu'on regarde dans mes affaires. Je soupçonne l'Américaine qui me déteste et réciproquement. Deux gendarmes sont venus dans ma chambre et ont tout fouillé comme des gardiens retourneraient la cellule d'un prisonnier ! Au dos d'un cadre qui contient une photo de mes parents, ils ont retrouvé des billets de banque. Quelqu'un les y a glissés pour me faire accuser.

Convoquée dans le bureau du directeur, je ne réfléchis pas, je ne calcule rien, je suis sans filtre, juste effondrée de ce qu'on a osé me faire, incapable d'articuler le moindre mot, et tellement humiliée ! Menteuse et voleuse, à présent ! Pourquoi un tel acharnement ? Qu'est-ce que je leur ai fait ?

Le directeur en a informé mes parents par téléphone. Pour une fois, ma mère prend ma défense… à sa manière :

– Ce n'est pas possible que ce soit Sophie. On ne lui donne pas beaucoup d'argent mais ce n'est pas une voleuse, elle aurait trop peur de se faire prendre, jamais elle ne ferait ça !

Elle ajoute cette phrase étrange :

– … Parce qu'il y a une chose qu'on a instaurée chez elle, c'est la peur…

Instantanément, je me suis revue, enfant, chez mes parents, me levant la nuit pour dérober une petite pièce de monnaie dans le bol de mon père. J'étais à demi-morte de peur, c'est vrai, mais je l'ai quand même fait.

Les mots de ma mère me troublent et m'interpellent. Elle a voulu me défendre mais, à l'entendre, on dirait que la peur fait partie intégrante de mon éducation. Si c'est vrai, elle est parvenue à ce qu'elle voulait : je suis quelqu'un de craintif, toujours sur le qui-vive comme une bête aux aguets. Ma mère m'a instillé la peur des autres, la peur de moi-même, la peur de me tromper, la peur de demander, la peur d'être punie... En un mot, la peur de vivre !

Là encore, on peut imaginer que cet incident qui n'est pas anodin a déclenché une vague de questionnements chez mes parents. Pas du tout. Il ne s'est rien produit. J'ai fini par être convaincue qu'ils ne voulaient rien savoir de ce qui me concernait.

Du côté de l'internat, on en est resté là. Il faut bien comprendre que cette école a une réputation internationale et que le directeur n'a pas voulu contrarier mes parents. Il n'y a eu ni enquête ni punition.

– C'était une mauvaise plaisanterie, allez... m'a-t-il dit en balayant l'air d'un revers de main.

Moi, cette « petite blague » ne m'a pas fait rire. Si la réputation du collège est sauve, la mienne s'est enrichie d'un nouveau statut : voleuse. En l'état des choses, j'avais bien besoin de ça !!

*
* *

Toutes ces brimades m'ont peu à peu transformée en un personnage que je déteste : timide, anxieuse, peureuse, toujours en quête d'un sourire, d'un mot gentil comme un animal battu. Je suis devenue dépendante à en perdre tout orgueil et perturbée au point de ne plus savoir qui je suis.

Je ressens ce personnage, je le vois vivre, je voudrais réagir, me reprendre mais je n'y arrive pas. Je n'ai plus la force de me défendre. Quand je parle de « personnage », je ne veux pas dire qu'il y a en moi quelqu'un qui me domine, qui me parle, qui me pousse à faire des choses. Je veux juste dire qu'au fil des jours, j'ai commencé à ne plus être moi-même, ce « petit » moi-même dont je peinais déjà à dessiner les contours tant mes parents ne m'avaient pas aidée à le définir.

Je suis quelqu'un d'angoissé, de peureux, de laid, la reproduction exacte de celle que je voyais dans les yeux de ma mère lorsqu'elle me regardait. Quelqu'un sans envergure, sans grand intérêt.

À partir de ce moment, je ne vais plus connaître la paix, je doute de tout, je déteste tout de moi, mon apparence, ma voix, mon accent, ce que je pense, ce que je suis. Je ne vis plus que par le regard des autres, donc, je ne vis plus. Et si je veux être très honnête avec mon ressenti de l'époque : je n'ai plus envie de vivre.

– 7 –

Les débuts de la maladie

Les troubles alimentaires ont commencé après le premier trimestre. De corpulence moyenne, je n'ai jamais eu de problème de poids mais à me comparer à toutes ces filles belles, joyeuses et bien dans leur peau, je me trouve gauche et grosse. Des années plus tard, je me suis rendu compte que je ne possédais aucune photographie de cette période en Suisse, pas une seule !

Peu à peu, je me mets à manger plus que de raison, à m'empiffrer avec tout ce que je peux trouver comme nourriture. Dès le matin, au petit déjeuner, je mange, je mange, puis je vais directement aux toilettes et je régurgite tout. Au réfectoire, on nous sert des pâtes, du riz, des féculents, du pain à volonté. Je me sers et me ressers et quand je suis bien gavée, je retourne aux toilettes. Je prends l'habitude de me faire vomir après chaque repas. Matin, midi et soir. Quatre fois, certains jours où je me sens très angoissée.

Personne ne m'a jamais parlé de boulimie et d'anorexie, personne ne m'a appris les gestes pour me faire vomir, ils sont venus tout seuls, avec mon mal-être.

Je ne sais pas comment cela est arrivé. Je ne saurais même pas décrire ce qui m'envahit au moment de la crise. J'ai cette image en tête : une bouée de sauvetage comme meilleure amie dans l'eau d'une piscine. Je plonge pour la repêcher et la serrer fort contre moi. Une fois que je me suis réconfortée, je peux la rejeter pour aller la rechercher quand je retomberai au plus profond de mon mal-être. Avec la nourriture, une de mes plus grandes difficultés est de trouver l'endroit et le moment où je pourrai vomir sans me faire voir ou entendre.

Très vite, l'anorexie va devenir pour moi le seul « espace » que je maîtrise, où je peux contrôler une partie de moi-même. Comme tous ceux qui souffrent de cette maladie, car c'en est une, je vais connaître mon corps de mieux en mieux, savoir précisément ce que je peux ingurgiter, régurgiter en gardant toujours un minimum de nourriture pour « fonctionner », pour ne pas m'évanouir et risquer d'attirer l'attention sur moi. C'est terrible à dire mais, à cette époque, ma maladie est la seule chose que je maîtrise.

J'ai dit que ma mère n'aime pas les gens fragiles. S'épanouir sous son ombre n'est pas chose aisée et ce n'est pas sur elle que je peux compter pour me forger une confiance en moi. Lorsque je reviens à la maison pour les périodes de vacances, je me coiffe comme elle aime, cheveux attachés, sans frange et, dans mes vêtements, je respecte à la lettre les interdictions, comme les vêtements trop près du corps, les jupes un peu moulantes ou les décolletés qu'elle trouve vulgaires. Mais tout ce que je fais n'est jamais assez bien, elle trouve toujours à redire.

Elle n'entend pas mon mal-être mais elle a remarqué ma manière de m'alimenter. Il faut dire que, de retour au Québec aux vacances de Pâques, je dévore de manière compulsive :

– Mon Dieu, qu'est-ce que tu manges ! Mais comment fais-tu pour être si maigre ?

Ça aussi, elle l'a vu. Il y a maintenant trois mois que je me fais vomir après chaque repas. Je ne suis pas encore trop maigre mais on voit tout de suite que j'ai perdu du poids.

Quand je tente de dire à ma mère que je me sens mal à la pension et que je commence à avoir des troubles alimentaires, elle n'entend pas. Pire, elle pense que j'exagère et peut-être même que je lui mens :

– Si tu arrêtais de regarder des magazines avec ces mannequins rachitiques, tu n'aurais pas ces problèmes… me répond-elle. Arrête de vouloir leur ressembler !!

Cette réaction me laisse sans voix. Je n'en reparlerai plus.

Lorsque je reviens pour les grandes vacances, j'ai encore maigri mais cela ne déclenche pas de véritables inquiétudes pour autant :

– Tu es vraiment maigre, Sophie, il faut que tu grossisses ! s'exclame-t-elle quand j'arrive.

Devant elle, mes larmes dégringolent, mais elle ne cherche pas à en savoir davantage. Mon père qui aime les femmes en chair et qui adore voir la sienne manger, renchérit sur ma maigreur :

– Sophie, tu ne manges pas assez, allez ! Il faut que tu sois comme ta mère ! Regarde comme elle est belle !

Et puis il passe à autre chose. Rien à faire, ils ne veulent pas voir.

À quoi bon insister ? Si je me soucie beaucoup des autres, personne ne semble vouloir s'occuper de moi. Expliquer que je m'empiffre et qu'ensuite je me fais vomir, qui cela va-t-il intéresser ? À part dégoûter un peu plus mes parents de moi, c'est tout ce que je vais obtenir. C'est déjà dur d'arriver à parler mais si on me rejette, je m'expose inutilement à d'autres souffrances. Alors, je vais me taire définitivement. Avec eux, en tout cas.

La nuit, leur chambre à coucher est trop éloignée de la mienne pour qu'ils s'aperçoivent que je me lève pour faire de la gymnastique, des abdos, avec toujours la même idée obsédante : éliminer, éliminer. Parfois, j'ai l'impression que je ferais mieux de disparaître complètement.

Quoi qu'il en soit, mes problèmes alimentaires n'empêchent pas mes parents de faire honneur à leur fameuse « cabane à hot-dogs » ! Chaque année depuis que je suis toute petite, – et ce « rituel » se poursuivra très longtemps – lorsque nous nous rendons à La Malbaie, après avoir atterri à Québec, nous montons dans la voiture et, sur la route, le chauffeur s'arrête systématiquement dans une cabane à hot-dogs. À l'aller comme au retour, jamais nous n'avons fait le chemin sans faire honneur à cet endroit, le préféré de mes parents. On trouve ce genre d'établissement un peu partout au Canada, où l'on vous sert des hot-dogs, des hamburgers, des œufs au vinaigre et la célèbre et incontournable « poutine[1] » canadienne. On pourrait imaginer que mes parents fuient ce genre de lieu où la cuisine n'est pas des plus raffinées. Pas du tout, ils adorent ! Ma mère commande des hot-dogs, de la poutine pour tout le monde, sans oublier un œuf vinaigre en plus pour mon père. On emporte tout dans la voiture. Il faut la voir manger le premier hot-dog… puis le second ! Elle les dévore et ensuite se lèche les doigts avant de s'attaquer aux frites, tout en se régalant d'un Coca-Cola diet… pour se donner bonne conscience !

Elle s'empiffre devant l'anorexique.

Je la regarde vaguement écœurée, l'estomac noué, ayant du mal à mâcher mon pain qui refuse de descendre dans mon gosier. La moitié du hot-dog me suffit et je me débarrasse discrètement du reste.

Mes parents raffolent de cette nourriture rapide et calorique. De ce point de vue, la poutine bat tous les records avec les frites. Il n'est pas rare, lorsqu'ils reçoivent à la maison, qu'en toute fin de soirée mes parents se retrouvent à partager des sandwichs de

---

1. La poutine est un plat de la cuisine québécoise composé de pommes de terre frites, de cheddar en grains et de sauce brune.

baloney[1] autour de la table de la cuisine, à la bonne franquette ! Maurice Druon en est fou. Un bon verre de bordeaux pour arroser le tout et c'est la fête !

Je ne peux oublier toutes les fois où nous nous sommes retrouvés autour d'une table pour déguster le fameux hamburger auquel ma mère a donné son nom, un vrai cérémonial. Nous devions tout d'abord suivre à la lettre la pose des ingrédients, à savoir, la mayonnaise, les tomates, les cornichons, le fromage, la moutarde, la feuille de laitue, le ketchup. Au centre, entre le fromage et la tomate, un beau steak haché bien épais, le tout enfermé dans un pain brioché, tiède, surtout.

Si nous ne suivions pas ses instructions, elle rugissait en nous traitant d'imbéciles ! Puis nous attendions sa première bouchée qui à elle seule était tout un spectacle. Naturellement, l'usage du couteau et de la fourchette était interdit. TOUT DÉGOULINAIT DE PARTOUT !!

Comme elle était toujours très organisée, elle avait même prévu des serviettes en papier dissimulées à l'intérieur des serviettes en lin

1. Le sandwich de Bologne ou « baloney » est un sandwich populaire aux États-Unis et au Canada. Il se compose de tranches de saucisse de Bologne dans du pain blanc, avec de la mayonnaise, de la moutarde et du ketchup.

brodées mais pas question de s'en servir, ce n'était que pour le décor.

Durant ces intervalles où je passe du temps avec mes parents, même si je suis heureuse d'être chez moi, la gestion de ma maladie devient plus compliquée et provoque en moi un stress supplémentaire là où je devrais être détendue. En Suisse, je mange, je vomis, j'ai mes repères de lieux et d'horaires, c'est assez simple. Chez mes parents, je dois veiller à manger un minimum pour ne pas avoir ensuite à vomir au risque de me faire surprendre. Ma famille, ma sœur, mes frères quand ils sont là, ne doivent se douter de rien. Mais quand les crises sont trop fortes, je me lève la nuit pour aller dévaliser le réfrigérateur et remonter sans bruit dans ma chambre pour ensuite passer aux toilettes. Je ne sais pas si on m'entend, je ne sais pas non plus si la cuisinière s'est rendu compte de la disparition des aliments. Personne ne m'a jamais rien dit.

*

* *

Deux années ont passé, identiques dans leur rythme et leur monotonie. Aucune ne se détache en particulier. J'ai la sensation d'un long tunnel triste, éclairé à certains moments, lorsque je m'éloigne de la pension. Les lumières s'éteignent à mon retour !

J'ai grandi en étant craintive vis-à-vis des garçons et, en Suisse, je ne me cherche pas particulièrement de boy-friend. De toute façon, je suis tranquille, les garçons ne risquent pas de m'importuner : ils ne me voient pas. Pour eux, je suis transparente.

Jusqu'au jour où un certain Pablo me donne rendez-vous.

Cette année-là, j'ai 16 ans et je rentre en 1re. Pablo c'est le « beau garçon » de ma classe, un des plus attirants de tout le pensionnat. Lorsque je suis arrivée en 3e, il était déjà là et je l'ai vu embellir un peu plus chaque année. Avec ses cheveux blonds, ses yeux bleus, son allure sportive et son accent italien, il fait des ravages dans le cœur des filles. Il a le charme des fils de familles fortunées qui connaissent leurs atouts et savent qu'on ne va pas leur résister bien longtemps.

Au collège, Pablo est le chouchou de tous, y compris des surveillants toujours prêts à lui rendre service. Un sourire et il met tout le monde dans sa poche. Pour ce qui me concerne, j'ai le cœur qui s'affole quand ses yeux croisent les miens, ce qui, hélas, n'arrive presque jamais.

Un jour, nous sommes en cours de philo lorsque je reçois une boulette de papier dans le dos. Je ne me retourne même pas : j'ai l'habitude de ce genre de bêtise. Si c'est pour me faire traiter de « conne », d'« idiote » ou de « menteuse », ce n'est pas la peine.

Une deuxième boulette de papier, beaucoup plus grosse, tombe sur ma table et je m'aperçois qu'il s'agit d'un message. Je le déplie :

Veux-tu prendre un café avec moi de 16 heures à 17 heures au salon de thé ?

Signé Pablo.

Ébahie, je relis deux fois, trois fois. Je regarde autour de moi pour voir s'il y aurait une autre destinataire, mais non, c'est bien à moi que le message s'adresse. Enfin, je me retourne vers le fond de la salle d'où Pablo me fait un immense sourire. J'ai complètement oublié comment je lui ai fait comprendre que « oui », j'étais d'accord pour le rendez-vous.

À 16 heures, je sors de l'école et je le vois qui m'attend, tout emmitouflé, en train de fumer une cigarette :

– Ciao, ragazza ! s'écrie-t-il.

– C'est à moi que tu parles ? lui-dis-je. C'est bien à moi que tu as envoyé ce message ?

– Mais oui, c'est à toi ! Allez, viens !

Il m'attrape le bras et m'entraîne vers les grilles de l'école. Puis il me prend par la main et me rapproche de lui pour marcher du même pas. Je n'ose pas regarder autour de moi mais je sens bien que tout le monde nous suit des yeux. Pablo me sourit tendrement :

– Tu sais, je voulais m'excuser pour ces années où je n'ai pas été très gentil avec toi. En fait, tu es une fille sympa…

Je reste muette tant je suis abasourdie du changement de ton, de paroles, de tout. Un nouveau Pablo est né !

Au salon de thé, il se dirige vers un box pour que nous soyons tranquilles et il commande un Coca-Cola. Moi, une limonade pour changer. Après tout, ce n'est pas un jour comme un autre ! On est assis côte à côte, il parle de choses et d'autres, je l'écoute, ravie, la tête dans les nuages, n'arrivant pas à réaliser ce qui est en train de se produire.

Quand il pose son bras autour de mes épaules, je cesse de respirer. Autour de nous, les gens de la classe s'installent aux tables pour consommer et je remarque que beaucoup nous dévisagent. Évidemment, ils sont comme moi, ils hallucinent !

Un peu avant 17 heures, Pablo se lève et enfile son manteau. Je n'ai pas vu le temps passer. Il est l'heure pour moi de retourner à mon étude et, lui, à la sienne, dans deux bâtiments différents. Il me raccompagne et au moment de nous séparer, il m'attire dans ses bras et m'embrasse d'un léger baiser sur les lèvres, un simple

« bec » comme on dit chez nous, mais qui me fait chavirer. My God, my God, dans ma tête tout va très vite : ça y est, j'ai un amoureux !

En rentrant dans la maison des filles, encore toute tremblante, je croise un groupe de filles de ma classe. Toutes m'entourent :

– Sophie !! On t'a vue avec Pablo ! C'est incroyable ! Qu'est-ce que tu dois être contente !

Celles qui m'ignoraient jusque-là me regardent, me sourient, viennent me féliciter. Et la première chose à laquelle je pense en les regardant n'est pas que j'ai un amoureux ou que je vais me faire des amies, non, je me dis juste que je vais survivre, que je vais finir ce deuxième cycle de façon agréable, que le cauchemar va enfin s'arrêter. Si tout le monde m'aime, je vais pouvoir être tranquille. Et comme, dans ma tête, je suis encore une petite fille, je me dis que, désormais, personne ne pourra m'attaquer parce que j'ai PABLO pour me défendre !

Après l'étude, des filles m'invitent au salon pour fêter l'événement. Je ris, je perds un peu la tête. Un instant, je me plais même à imaginer que je vais faire des jalouses. J'ai l'impression de vivre un rêve éveillé. Au moment de me coucher, je sais que je ne fermerai pas l'œil de la nuit. C'est trop de bonheur, trop d'excitation.

Le lendemain matin, je cours pour être la première à aller prendre ma douche et m'arranger au mieux. Mes cheveux ont poussé, ma mère ne m'oblige plus à les porter courts mais je passe bien dix minutes chaque matin à essayer de les lisser. La mode n'est pas aux cheveux ondulés et les miens ont tendance à friser comme un caniche. Depuis un an, ma garde-robe aussi s'est améliorée : à chaque retour au Québec, je me fais offrir des vêtements à la mode européenne. Le cachemire col V est entré dans ma vie et j'ai même des Penny Loafers, ces mocassins classiques et chics dont je rêvais depuis toujours. Pour plaire à Pablo, j'ai essayé tout ce que j'avais. Au petit déjeuner, les filles me questionnent à nouveau. Elles aussi ont l'air de s'en réjouir. Moi, à l'idée de retrouver mon « chum » je ne descends plus de mon nuage.

Arrivée au collège, je me dirige tout de suite vers le fumoir où Pablo doit se trouver. Depuis quelques mois, je me suis mise à la cigarette. Effectivement, Pablo est là dans un brouillard de fumée, le col de son manteau relevé, ses cheveux blonds qui scintillent à la lumière, entouré comme toujours de sa cour d'Italiens et d'Italiennes. J'avance vers lui en souriant :

– Coucou ! Ça va ?

Pas de réponse. Il continue à parler à ses amis en tirant sur sa Marlboro. Bon, me dis-je, il ne m'a pas entendue. Je m'approche un peu plus :

– Ciao, Pablo !

Il se fige, tourne lentement la tête vers moi, dur et glacial :

– Qu'est-ce que tu veux ?

– Mais… je…

– T'as pas compris que c'était une blague ? J'ai parié un Coca que je t'embrasserais et que je te laisserais tomber aussi sec. Et j'ai gagné ! Voilà !

À ces mots, le monde s'est effondré. C'est aussi simple que ça.

Les larmes me sont montées aux yeux, j'ai tourné les talons, suis sortie du fumoir et j'ai couru me réfugier dans les toilettes pour vomir de douleur.

Je ne pouvais plus respirer, je ne voulais plus vivre. Encore aujourd'hui, lorsque j'y repense, un froid glacial m'envahit comme le regard de Pablo quand il m'a jetée comme un vieux Kleenex. C'est à partir de là que mes premières idées suicidaires ont commencé à m'envahir.

Pas une seconde, j'avais imaginé qu'on pouvait se jouer de moi à ce point-là ! Comment ai-je pu être aussi naïve ? Comment ai-je pu croire que ce magnifique jeune homme, désiré par toutes les filles, pouvait tomber amoureux de moi en un instant alors qu'il m'avait méprisée pendant trois ans ? J'avais tellement honte. Et, pire encore, le monde avait assisté à la scène, tout le collège était au courant à présent !

Je ne sais pas où j'ai trouvé le courage de retourner en cours, d'affronter le regard de ce garçon et, surtout, celui des autres qui souriaient en coin et se poussaient du coude. Pas une fille n'a pris mon parti en disant que ce qu'on m'avait fait était odieux. Aucune empathie, aucune solidarité.

Il ne restait qu'une année à accomplir avant de quitter le pensionnat, mais j'ai compris que mon enfer durerait jusqu'au bout. En repensant à cette période si sombre, je me dis que c'est un miracle que je ne me sois pas suicidée ou que je n'ai pas trouvé plus tard refuge dans l'alcool ou la drogue. Cette période de ma vie m'a tellement choquée ! C'est la peur qui m'a sauvée du geste fatal, la peur de mourir, la peur de la punition si jamais je me faisais surprendre à consommer de l'alcool ou de la drogue.

Les jours qui ont suivi, j'ai encore supplié de toutes mes forces mes parents de me faire revenir à la maison. Ils ont beau me dire qu'il ne reste qu'une année, je m'en fiche, je veux rentrer. Évidemment, ils n'ont pas cédé.

Un matin, alors que je suis à la poste pour leur téléphoner, quelque chose de singulier m'est arrivé.

Je me retrouve dans la file d'attente, plus déprimée encore qu'à l'habitude. Je sais d'avance que mon appel sera un franc dépensé pour rien mais j'essaie de garder une lueur d'espoir. Arrivée devant le téléphone, je glisse un franc suisse pour avoir l'opératrice et qu'elle appelle mes parents en PCV. C'est ma mère qui décroche. J'ai juste le temps de dire trois mots que la communication se coupe.

Habituellement, la machine me rend ma pièce mais, là, rien ne retombe. Et je n'ai plus d'argent sur moi ! J'appuie à plusieurs reprises sur le combiné. Rien. Les larmes aux yeux, je peste contre ce maudit appareil en jetant craintivement un œil par-dessus mon épaule car d'autres gens attendent.

Brusquement, un jeune homme sort de la file et s'avance vers moi, un franc suisse au bout des doigts :

– Tiens, vas-y, rappelle… et, s'il te plaît, arrête de brailler !

Je l'ai regardé, sidérée, l'ai remercié timidement et j'ai rappelé mes parents. La conversation ne s'est pas éternisée vu que ma demande n'avait pas changé. Ensuite, je suis repartie droit devant moi, oubliant de rendre la pièce au jeune homme. Après coup, je me suis sentie honteuse mais il était trop tard. Qu'a-t-il dû penser de moi ? Je ne savais pas que le destin se chargerait de nous remettre en présence l'un de l'autre et que j'aurais maintes fois l'occasion de le remercier. Mais nous n'en sommes pas encore là.

En quatre ans, mes parents ne sont venus qu'une seule fois en Suisse passer le week-end avec moi.

Pour cette occasion, je les rejoins dans leur hôtel. Je suis tellement heureuse de les voir et de pouvoir sortir de cette prison. Tout l'après-midi, je skie avec ma mère. Il fait grand soleil, je me sens bien. Mon bonheur est total lorsque, après avoir dévalisé une boutique de cachemire, elle m'offre un superbe pantalon droit ! Deux jours hors de l'internat et je ressuscite. Je crois même m'être demandé pourquoi mes parents étaient si gentils de m'offrir ces quelques beaux vêtements. Ce fut un beau moment !

Malgré tout, j'ai tenu à les emmener prendre un thé où je vais tous les jours, juste pour que les autres les voient. Leur allure, le charisme de ma mère, l'élégance de mon père plus que leur standing qui ne m'intéresse pas. C'est une des raisons, je pense, qui m'a tenue éloignée des autres. À l'internat, les hiérarchies existent, on voit comment les fils de princes arabes ou de magnats américains toisent ceux qu'ils estiment inférieurs. Ils cultivent l'entre-soi et savent toujours à qui ils ont affaire. Moi, ce sont des choses qui m'échappent et je suis très simple dans ma mise et mon allure. C'est l'éducation que j'ai reçue. Si, en leur montrant mes parents, je pouvais gagner un peu de considération de la part de ceux qui me snobent, ce serait formidable.

Mais non, rien. Jusqu'au bout j'aurai essayé. En vain.

Concernant mon anorexie, du côté du pensionnat il n'y a jamais eu de réactions. Pendant quatre ans, aucun professeur ou médecin ne s'est rendu compte de quoi que ce soit. (Quand je suis rentrée au Québec, je pesais 47 kg pour 1,70 m !) Comme je n'en ai parlé à personne, c'était un non-événement. Aujourd'hui, dans les internats, on prête un peu plus d'attention aux élèves qui s'isolent ou qui semblent rejetés par la communauté. Mais à l'époque, on ne s'en souciait guère. De mon côté, il ne me serait pas venu à l'esprit d'aller voir l'infirmière de l'établissement pour parler de mon anxiété. J'y serais allée pour un rhume mais pas pour ça. J'avais trop honte.

J'ai vécu dans le silence toutes ces années, faute de pouvoir parler, mon corps dans sa maigreur lançait des appels au secours qui restaient sans réponse.

Le mal a continué à me ronger de l'intérieur.

Peu à peu, ce silence est devenu lourd et pesant. Je sais qu'il est à l'origine de mon hypersensibilité aux souffrances des autres, de mon futur engagement, ce qui est une bonne chose, mais aussi de mes dépressions qui s'en sont suivies quelques années plus tard.

*

* *

En terminale, je retrouve à nouveau Pablo dans ma classe mais la plaie s'est cicatrisée.

C'est ma dernière année de pension, donc, avec, en apothéose, ce fameux baccalauréat pour lequel mes parents m'ont envoyée ici il y a quatre ans. Mes résultats scolaires ne sont pas brillants : au bac de français que j'ai passé, l'année d'avant, j'ai obtenu juste la moyenne. Connaissant mes lacunes, je vois arriver l'examen de fin d'année avec terreur.

Ma découverte de l'époque a été que la philosophie ne resterait pas dans ma mémoire comme une rencontre transcendante ! J'ai beaucoup de mal à comprendre et pas grand monde pour m'expliquer. J'entends encore la voix traînante de mon professeur de philo et je revois son regard désolé quand il rendait les dissertations :

– Mais enfin, Sophie… ça ne veut rien dire, çaaaa ! Mais c'est quoi… vous vouliez me raconter quoi, làààà ? Réfléchissez un peu, voyons !

Quand j'y repense aujourd'hui, ça me fait rire, mais recevoir cette observation devant tous les autres de la classe, c'était moins drôle. Même si je n'étais pas la plus mauvaise. Je ne comprenais pas les concepts philosophiques, je n'étais pas assez mûre intellectuellement, je n'avais pas assez lu, pas assez appris, pas assez échangé. Parfois, je me disais que si j'avais été au Québec où l'on n'étudie la philo qu'après la terminale, j'en aurais été dispensée. Encore une bonne raison d'en vouloir à mes parents de m'avoir envoyée dans ce pensionnat de malheur !

Jamais, quand on se parle au téléphone, ma mère n'aborde la question des études avec moi. Même pendant l'année du bac, elle ne me pose aucune question précise, dans quelle matière je me sens le plus à l'aise, comment je prépare l'examen, si je pense être prête. Invariablement, quand elle demande « Tu vas bien ? » je réponds « oui » et on passe à autre chose, à savoir, son dernier voyage, sa prochaine soirée mondaine. En réalité, elle ne sait rien de mon niveau scolaire et comme le directeur n'appelle jamais à la maison pour les informer de mes difficultés, les mois passent sans que personne s'aperçoive que je sombre.

Un jour, au téléphone, ma mère évoque l'université d'Ottawa dans laquelle elle et mon père ont étudié. Je réponds que je serais contente d'y aller moi aussi puisque c'est ce qu'elle a envie d'entendre. Au moins, nous partagerons quelque chose et, peut-être, mes parents m'aimeront-ils davantage ? C'est la seule raison qui me fait opter pour cette université plutôt qu'une autre puisque, de toute façon, je n'ai aucune idée de ce que je ferai de ma vie ensuite.

Bref ! Le jour du bac arrive. J'ai énormément étudié et je pense être prête. Dans mon souvenir, il ne me semble pas que j'avais prévu de rendre copie blanche, mais quand je découvre les épreuves de philo, quelque chose de bizarre, d'incompréhensible se produit en moi. Je regarde les sujets posés sous mes yeux en écoutant vaguement le professeur nous dire que nous avons trois heures devant nous pour les traiter.

Avec un courage soudain et une grande détermination, j'ai attendu la fin des trois heures puis j'ai rendu feuille blanche. Pour la première fois de ma vie, je n'en ai rien à foutre des conséquences. Je sais que je vais louper mon bac mais, au moins, ce geste est ma décision et en quelque sorte ma revanche envers mes parents. SOPHIE N'A PAS RÉUSSI SON BAC !!!! Cette fois-ci, mes parents auront à vivre avec la honte de cet échec. Pour une fois, je suis satisfaite de moi.

Ce qui est étrange, c'est d'avoir peur et de ressentir en même temps un sentiment d'impunité parce que je sais que je quitterai la Suisse dans quelques jours. Le bac, je m'en fiche, bientôt, je rentrerai au Québec et ce pensionnat ne sera qu'un parmi mes pires souvenirs : je n'en reparlerai plus jamais ; voilà l'idée à laquelle je m'accroche.

Je n'ai pas attendu les résultats pour repartir au Québec. J'ai pris le premier avion et le plus incroyable, c'est que j'ai laissé toutes mes affaires au pensionnat. Je suis partie avec les vêtements que j'avais sur le dos, mon passeport et mon billet d'avion. Je ne voulais garder aucun souvenir de mes quatre ans passés dans cet internat. Comme si rien de ce que j'avais vécu ici ne devait passer l'Atlantique. Je n'ai dit au revoir à personne. Le seul que j'ai salué est le chauffeur du bus qui m'a emmenée à l'aéroport.

J'allais écrire que je n'ai pas gardé un seul bon souvenir de ces quatre années d'internat. C'est faux. Si ma scolarité a été moyenne, il y a une chose dans laquelle j'ai fait mes preuves : le chant.

En fin de 3e, le professeur d'anglais, le seul qui m'aime bien parce que je suis une de ses meilleures élèves, et qui donne également des cours d'art dramatique, décide d'organiser deux spectacles musicaux : *Oliver* d'après *Oliver Twist* de Charles Dickens et *La Mélodie du bonheur*. Le plus beau, c'est qu'il me choisit pour jouer et chanter les deux rôles principaux ! Au-delà de la joie d'être désirée, d'être préférée entre tous et toutes, ce qui ne m'est jamais arrivé au collège, je suis heureuse de montrer aux autres que je ne suis pas si nulle qu'ils le disent.

Ce fut « mon quart d'heure de gloire », comme on dit, et je l'ai dégusté sentant bien qu'il n'y en aurait pas d'autres.

Les spectacles ont beaucoup plu. Je passe sous silence le fait que certains m'en ont voulu d'avoir décroché les rôles principaux :

– C'est facile pour toi, tu parles anglais couramment !

D'autres que moi parlaient très bien anglais et n'ont pas été choisis pour autant. Heureusement, ces jaloux dont j'attendais la réaction n'ont pas réussi à ternir ma joie.

*
* *

J'avais quand même rapporté du chocolat à mes parents pour mieux faire passer la pilule de mon échec au bac ! Mais aussi incroyable que cela puisse paraître, je n'ai pas le souvenir qu'on m'ait posé quelque question que ce soit à ce sujet lorsque je suis arrivée ! Si on m'a interrogée, j'ai dû dire que tout s'était bien passé. Ensuite, les résultats sont arrivés et mes parents ont vu que j'avais échoué. En revanche, ils n'ont jamais su que j'avais rendu feuille blanche. On pourrait penser qu'ils ont été très déçus après avoir financé ce collège pendant quatre ans dans le but de me faire obtenir ce beau diplôme, mais je ne me souviens pas non plus d'une grosse engueulade ou d'une punition particulièrement sévère. Je n'ai pas eu mon baccalauréat, mais j'ai tout de même été acceptée directement en deuxième année à l'université d'Ottawa. J'imagine qu'ils se sont réconfortés ainsi !!!

Toute mon enfance et mon adolescence ont été rythmées par des ressentis ambivalents. Je voulais plaire mais je n'étais pas complètement soumise pour autant. D'un côté, j'aurais voulu contenter ma mère qui me rêvait bachelière et surdiplômée. Mais, au fond de moi, je n'étais pas fâchée de ne pas être cette jeune fille parfaite qui donne toute satisfaction et dont on montre combien on est fier dans les dîners mondains.

On imagine l'impatience avec laquelle j'attendais les grandes vacances au Québec, ne serait-ce que pour retrouver ma sœur qui m'a beaucoup manqué. Les grands frères viennent, repartent, ils ont pris leur indépendance. À cette époque, nos vies ne se croisent pas souvent.

Comme chaque année, nous sommes à La Malbaie et, au mois de juillet, ma sœur qui est une passionnée d'équitation m'a emmenée avec elle dans une école pour prendre des cours. Malgré mon allergie sévère aux chevaux, je l'ai suivie. Bien m'en a pris car je suis tombée follement amoureuse du jeune professeur d'équitation. C'est la deuxième fois que mon cœur tremble pour un garçon mais, cette fois, je lui plais aussi, c'est merveilleux ! Franck doit avoir un an ou deux de plus que moi, il est gentil et je le trouve magnifique.

L'année de mes 18 ans, je me dis que je vais pouvoir enfin sortir, profiter d'un peu plus de liberté mais non : mes parents me considèrent toujours comme une petite fille. Ils ne comprennent pas mon besoin de respirer, de m'amuser après ces années d'emprisonnement. La discipline continue. Pas de relâchement pendant les vacances d'été.

À cette époque, La Malbaie est le lieu connu de villégiature pour la bourgeoisie canadienne et américaine avec ses falaises, son casino, son golf, ses auberges typiques, le grand hôtel et l'unique discothèque qui attire tous les publics dont beaucoup de jeunes. Évidemment, le soir, Franck va souvent retrouver des amis pour boire un verre… N'osant pas lui dire pourquoi je ne peux pas l'accompagner, je dois inventer des histoires pour qu'il ne s'éloigne pas de moi. C'est ainsi : nous n'avons pas le droit de sortir en boîte ou ailleurs, POINT FINAL !!

Avec ma sœur, on se morfond et on se creuse la tête : comment faire pour rejoindre les autres qui s'amusent ?

– Et si on proposait de garder les enfants des voisins, me dit-elle. Quand leurs parents reviendront, au lieu de rentrer directement à la maison, on ira faire un saut à la discothèque retrouver nos amis. On ne restera pas longtemps… Et on dira à maman que le baby-sitting a fini plus tard que prévu.

Sur le papier, le plan semble excellent. De toute façon, je n'en ai pas d'autre. Alors, on y va !!

Première étape : dire à notre mère qu'on part garder les enfants. Comme d'habitude, je tourne autour du pot n'osant pas l'affronter et, pour finir, je me lance. Sur le principe, ma mère est d'accord. Elle appelle les voisins qui lui confirment qu'ils nous attendent vers 19 heures.

Le baby-sitting se passe bien, les parents reviennent à 23 heures et on s'éclipse, enchantées, en se disant qu'on pourra aller danser pendant une heure. À minuit, on sera dans nos lits. Ni vu ni connu.

La discothèque est déjà bien remplie. À peine arrivées, ma sœur s'installe dans un fauteuil, avec ses deux paquets de cigarettes. Moi, je retrouve Franck qui m'emmène au centre de la piste. Mes bras autour de son cou, les yeux fermés, le nez dans son épaule, je quitte notre planète au rythme d'un slow romantique. Je suis aux anges.

Tout d'un coup, alors que je me berce au son de la musique, je sens qu'on me toque lourdement du doigt sur l'épaule. Je me retourne. L'HORREUR ! MA MÈRE !! Et je rajoute : dans toute sa splendeur. Vêtue d'un long et fluide pyjama de soie, avec aux pieds ses mules rehaussées de plumes, on dirait une actrice d'Hollywood au coucher. Cette vision m'a produit un tel choc que j'ai failli tomber à terre. Ma sœur qui l'a vue arriver est restée bouche bée, sans avoir eu le temps d'éteindre sa cigarette. J'ai l'impression qu'en une seconde, toute la salle s'est figée.

– HOME, NOW[1]! dit ma mère d'une voix sourde.

Elle n'a pas eu besoin d'en rajouter. Nous sommes sorties de la discothèque affolées, et avons grimpé sans dire un mot dans la grosse Mercedes que, pour une fois, ma mère conduit seule. Elle n'a pas pris le temps de réveiller le chauffeur… ni même de changer de tenue !

Notre erreur a été de ne pas avoir vu passer l'heure. À minuit et demi, ma mère ne nous voyant pas rentrer a téléphoné aux voisins qui lui ont dit qu'on était parties de chez eux depuis plus d'une heure ! Il n'a pas été difficile pour elle de retrouver notre trace.

1. À la maison, tout de suite !

La punition a été rude : interdiction pour nous deux de sortir de notre propriété pendant un mois. Heureusement, mon père étant en Arabie saoudite avec mes frères, on n'a pas eu à affronter sa colère !

Plus tard, j'ai pu parler au téléphone avec mon « chum » et on s'est vus en cachette sur le terrain de la maison. Je me suis arrangée avec un des jardiniers :

– Gilles, je vais faire un petit pique-nique avec mon amoureux. Guette un peu et préviens-moi si ma mère vient vers nous !

Ma sœur nous rejoint avec son paquet de cigarettes. Elle ne nous dérange pas. Franck est mon petit copain mais rien de plus qu'un flirt. Après coup, nous avons bien ri de cette épouvantable soirée. Aujourd'hui encore, j'en parle avec ma sœur. Elle a toujours la même expression quand elle évoque nos parents : « Oh, my God, our mom was so mad[1]! »

Je retrouve le Québec, Montréal, mes repères, ma famille avec l'impression d'avoir été libérée de prison. Jamais je n'aurais imaginé que ce passage en internat m'aurait autant abîmée. Il m'a fallu dix ans pour que je puisse reparler de ce que j'avais vécu en Suisse et

1. Oh, mon Dieu ! Notre mère était tellement fâchée !

beaucoup plus pour que je décrive les souffrances de l'anorexie et de la dépression qui ne se sont pas interrompues en passant les frontières. C'est comme un mauvais virus toujours à la recherche de son vaccin !

Quelque chose s'est cassé définitivement en moi après ces années d'épreuves : jamais je ne pardonnerai à mes parents de m'avoir envoyée si jeune en pensionnat et, surtout, de ne pas avoir entendu mes multiples appels au secours. Ce ressentiment restera ancré, gravé au plus profond de moi une grande partie de ma vie.

– 8 –

À L'UNIVERSITÉ

À la rentrée de septembre 1981 qui suit mon retour de Suisse, je rejoins l'université d'Ottawa. Durant les vacances, j'ai appris que je pouvais entrer directement en deuxième année, en « Langues Étrangères » et ce, grâce au niveau élevé des études en Europe, notamment en Suisse et à mes bons résultats en anglais et en espagnol. Quelle bonne nouvelle ! Je n'aurais pas tout perdu dans cette malheureuse histoire.

Je vais donc étudier l'anglais, le français, l'espagnol ainsi que l'allemand. Il y a aussi des cours d'art et de psychologie, des matières qui m'intéressent énormément. Par contre, je n'ai pas la moindre idée du métier que je pourrais exercer car mes parents ne m'ont pas encouragée à gagner ma vie. En attendant, je me cultive !

Un temps, j'ai eu envie d'être comédienne et j'ai fait l'erreur de leur en parler. Ils m'ont tout de suite dit que, sans relations, ça ne marcherait jamais. « Et puis, tu n'y connais rien… » a ajouté ma mère toujours très encourageante ! Devant tant d'enthousiasme, j'ai opté pour l'étude des langues en me disant que cela me servirait toujours, ne serait-ce que pour voyager, et mes parents pourront se vanter d'avoir une fille polyglotte.

Le rythme de ma nouvelle vie n'a rien à voir avec l'internat : ici on est très libre. Hormis certains cours obligatoires, chacun organise son temps comme il le souhaite, sort et revient sur le campus quand il veut. Mais c'est trop de liberté pour moi qui suis habituée à faire exactement ce qu'on me dit. J'ai du mal à m'adapter. Personne ne m'a expliqué qu'à l'université on ne travaille plus comme au collège, qu'on est maître de son emploi du temps. Ce qui fait qu'au début je vais à tous les cours sans exception !

Traumatisée par les expériences désastreuses que j'ai vécues, je passe les premiers mois d'université sans oser sortir ou essayer de rencontrer d'autres étudiants. Je ne sais que faire de ma peau et de toute la marge de manœuvre que l'on m'offre. Il y a toujours cette peur qui s'accroche à moi comme du lierre, où que j'aille, quoi que je fasse, peur de déplaire, peur de faire des choses interdites, peur de tout. Comme si je n'avais jamais eu les codes des lieux où je me trouve.

La première sortie que je m'accorde, c'est un brunch au restaurant universitaire avec ma camarade de chambre. Tous les dimanches nous partageons nos œufs au bacon et nos toasts. Le hasard m'a envoyé cette jolie blonde, un peu ronde, gentille et toujours de bonne humeur. Fille de danseurs professionnels de claquettes, elle m'apprend des figures sur le carrelage de notre salle de bains. J'entends encore son rire et sa voix haut perchée. Avec elle, ma vie change, on est toujours ensemble. Grâce à elle, j'ose sortir de ma chambre, elle fait taire mes peurs. Moi qui ai tant recherché l'amitié au collège, je découvre le bonheur d'avoir une amie.

Ce qui m'étonne, et je le constate en écrivant ces lignes, c'est qu'en m'éloignant de l'université, je n'ai pas su garder de contact avec elle que j'aimais beaucoup ni avec d'autres que j'ai connus par la suite. Je n'ai pas appris à entretenir mes amitiés et je le regrette. Je réalise que de 14 à presque 18 ans, j'ai été si seule, malgré moi, que cette solitude est devenue ma norme, mon mode de fonctionnement, le prisme à travers lequel toute mon histoire s'est dessinée. Des années passeront avant que j'apprenne à aller naturellement vers les autres. Encore aujourd'hui, mes amis se comptent sur les doigts d'une main et j'aime être seule. Je peux passer plusieurs jours sans parler à qui que ce soit et sans que cela me coûte. Je pense même que le silence, la solitude sont indispensables à mon équilibre.

Pour ma deuxième année d'université, je prends un appartement avec une de mes cousines étudiante comme moi. Mon père m'a donné très peu d'argent pour m'installer. Une fois payés le loyer et les charges, il me reste à peine de quoi manger et m'habiller. Il m'a permis d'emprunter les meubles qui appartenaient au camp de pêche, là où mon père et mes frères se retrouvaient lors de leurs parties de pêche. Je laisse le lecteur imaginer mon décor.

Afin d'arrondir mes fins de mois, j'ai trouvé du travail comme opératrice, le soir, à la Chambre des Communes du Parlement. Je suis très heureuse d'y aller et de me sentir utile.

Quand j'ai reçu mon premier chèque après un mois de travail, j'étais folle de bonheur ! 250 dollars à mettre sur mon compte.

Malgré ce modeste job, je ne roule pas sur l'or et, à 19 ans, je n'ose toujours rien demander à mes parents. Le premier hiver, j'écris même à mon frère aîné pour qu'il demande à notre père de m'acheter un nouveau manteau d'hiver, le mien n'étant pas assez chaud. Le froid à Ottawa est très rude. « Dis-lui bien que j'en ai trouvé un en solde… » ai-je précisé ! C'est terrible de voir combien je suis craintive, n'osant pas réclamer à mes parents les choses les plus essentielles. À 19 ans, je ne suis pas mûre, je n'ai rien appris ou vécu qui m'ait épanouie ou renforcée.

À l'adolescence, je ne connaissais pas l'ampleur de l'entreprise paternelle, tout simplement parce que, nous les filles, en avions été éloignées. Enfant, ma vie au quotidien était relativement normale, elle ressemblait à celle de beaucoup de jeunes de mon âge. Peu de vêtements de marque, pas de dépenses somptuaires nous concernant. Mon père tenait à nous apprendre la valeur de l'argent. « Tout se mérite, l'argent ne tombe pas du ciel » disait-il. Mes parents étaient philanthropes, généreux avec les autres mais, vis-à-vis de moi, un sou était un sou ! On nous a aussi appris à respecter les autres, à ne pas juger ceux qui n'ont pas reçu autant que nous. Des valeurs essentielles qui ne m'ont jamais quittée. Encore aujourd'hui, je remercie mes parents de me les avoir transmises.

Parfois, le discours paternel est même excessif, il peut avoir des réflexions étranges. Lorsque je lui parle de faire telles ou telles études, mon père ne dit rien de l'orientation que j'ai envie de prendre, mais juste :

– Fais attention à tes choix de vie car, plus tard, tu n'auras pas beaucoup d'argent. Il faudra que tu fasses attention…

Je ne comprends pas. Ce « plus tard » fait-il référence au moment où il ne sera plus là pour m'aider, me protéger ? Cette parole qui sonne presque comme une menace me déstabilise inutilement. À moins qu'il dise cela pour me pousser à être un peu plus autonome… Mais, dans ce cas, pourquoi m'avoir découragée de prendre certaines routes sur lesquelles j'aurais eu envie de m'engager comme le théâtre ou le cinéma ?

Beaucoup de jeunes filles à ma place se seraient dit : « Au diable l'avis de mes parents, je fais ce que je veux ! » mais cela ne se passe pas comme ça chez nous. On ne se défait pas si facilement d'une éducation stricte et quelles que soient les décisions, je ne fais rien sans leur permission. Plus tard dans ma vie d'adulte, je garderai ce réflexe !

Mes trois années d'université se sont très bien passées. Durant cette période, je suis même parvenue à contrôler mon anorexie. Je me suis habituée à ce mode de vie particulier, je ne souffre plus de harcèlement et je me sens beaucoup moins seule. À partir du moment où j'ai compris le fonctionnement de l'université (et que je n'étais pas obligée d'assister à tous les cours), j'ai mieux apprivoisé la liberté qu'on m'offrait. Et je l'ai aimée.

En revanche, je ne reviens presque plus à la maison. C'est une période où j'en veux terriblement à mes parents. J'en suis encore à éclater en sanglots si quelqu'un autour de moi évoque la Suisse ! Ce ressentiment est comme une vague qui me submerge à certains moments et contre lequel je résiste en gardant mes distances avec Montréal. J'aime ma nouvelle vie à Ottawa, d'autant que je me suis rapprochée de mon frère et de sa future fiancée qui s'y sont installés et qui m'invitent à dîner de temps à autre.

J'ai obtenu mon diplôme de fin d'études mais n'ai pas poursuivi plus loin. Encore une fois, je n'ai pas appris ces langues pour exercer un métier mais pour avoir une bonne culture générale, et de toute façon mes parents ne m'ont pas enseigné l'art de choisir mais plutôt d'aimer ce qu'ils aiment.

En attendant, mes parents m'ont offert une voiture, comme ils l'ont fait pour mes frères et ma sœur quand ils ont eu 21 ans, et mon père m'a fait entrer dans son entreprise pour un stage que j'avais sollicité avec insistance et qu'il a enfin accepté. Chaque matin, j'arrive bien à l'heure, prête à apprendre, à me rendre utile mais on ne me donne aucun travail ! Mon père n'a pas transmis d'instructions me concernant et personne n'ose me confier quoi que ce soit. J'observe, je souris, j'essaie de me montrer aimable mais je tourne en rond. Pour finir, j'ai interrompu le stage de moi-même, car cela n'avait pas de sens. Je commençais à me sentir mal à l'aise devant les autres. N'y avait-il donc rien que je sois capable de faire ?

Ayant confié à mon père que j'aurais bien aimé devenir journaliste, il me fait embaucher à *La Presse*, le journal dont il est propriétaire. Expérience d'un été qui n'aura pas de suite. Il est toujours aussi compliqué pour moi de fournir une bonne raison à mes parents pour laquelle je pourrais faire ce métier. Et, aussi, de leur prouver que je suis capable de donner satisfaction et qu'on peut me faire confiance. À force d'entendre de leur part que je ne sais rien faire, un sentiment d'insécurité imprègne toutes mes réflexions et mes actions.

Le rôle des parents n'est-il pas de rassurer leurs enfants pour qu'ils avancent dans la vie sans peur, se sentant assez forts pour affronter toutes les situations ? Les miens n'ont pas su le faire, ils n'ont instauré aucune communication entre nous et je me suis sentie démunie, vulnérable, en perpétuel déséquilibre. Avec cette peur, cette peur lancinante qui se glissait en moi à chaque minute et qui m'a quittée, il y a douze ans seulement, lorsque j'ai rencontré mon actuel compagnon. Cette insécurité permanente née dans l'enfance, de ne jamais savoir comment être, que dire, que faire, en craignant d'être critiquée, raillée, rejetée…

Je ne sais pas ce qu'il en a été de mes frères mais ayant été pris en main très jeunes par mon père, la culture des affaires qu'il leur a inculquée les a construits. Même s'ils ne l'ont pas choisi, leur avenir était pensé, tracé, ils le connaissaient. C'est toujours moins angoissant que de se demander ce qu'on va bien pouvoir faire de soi. Ce qui était mon cas.

Quoi qu'il en soit, le parcours de mes deux frères montre qu'ils ont arpenté la vie avec confiance. Les deux ont de belles réussites professionnelles, ils se sont mariés, sont très heureux et ont de beaux enfants. Je suis très heureuse pour eux. Pour ce qui me concerne, le chemin a été plus chaotique…

J'aurais pu basculer dans toutes sortes d'addictions, de gouffres. Je me suis réfugiée dans le silence, l'anxiété, l'anorexie et, définitivement, la dépression. Quand l'adolescence est brisée, que vous sentez que vos parents n'ont pas joué le rôle qui aurait dû être le leur, vous cherchez le réconfort ailleurs et avec d'autres. C'est ce qui s'est passé avec celui qui allait devenir mon premier mari et que j'ai rencontré peu de temps après avoir quitté mon stage.

– 9 –

Sébastien et Chloé

Avant de fréquenter cet homme et de me décider à l'épouser, j'ai eu quelques flirts comme toutes les filles. Il m'arrivait d'en inviter un à la maison mais avec ma mère, cela prenait toujours une tournure compliquée. Mieux valait qu'il soit beau, riche et de bonne famille, ce qui n'était pas toujours le cas puisque ce n'était pas forcément mon critère de sélection. D'où des réflexions déplaisantes du style : « Mais qu'est-ce que tu fais avec un gars pareil ? » ou bien : « Ne m'amène pas quelqu'un comme ça à la maison, voyons ! » ou encore : « Ton boy-friend, on dirait un coiffeur ! » et autres gentillesses de la même eau.

En désespoir de cause, il m'arrivait de demander à ma tante de « préparer le terrain » pour moi :

– Est-ce que tu pourrais dire à maman que tu aimes bien mon nouveau copain, ça m'aiderait beaucoup…

Malgré cela, ce n'était jamais simple avec elle. J'aurais tant aimé vivre des moments rafraîchissants et complices où une fille se confie à sa mère en lui disant qu'elle a rencontré un garçon, qu'elle ne sait pas encore ce qu'elle éprouve mais qu'elle est troublée… Toutes ces petites confidences que j'aurais adoré lui faire au creux de l'oreille et que j'ai dû garder pour moi.

Je n'ai que 22 ans lorsque je décide d'épouser un ami de mon frère aîné. Je l'aime beaucoup, il est bel homme, intelligent et très gentil, mais est-ce assez pour s'engager officiellement ? Je l'ignore, en amour je ne maîtrise pas grand-chose. Je ne sais toujours pas ce que c'est que d'aimer vraiment. Cette union est surtout l'occasion pour moi de sortir du carcan familial.

Mon futur mari étant une connaissance de mon frère, il a très vite été accepté par mes parents. D'autant qu'il est bien éduqué et très sympathique. De plus, il a une immense qualité à mes yeux : il vit à la campagne et pour moi qui désire m'éloigner de Montréal, de mes parents, de la foule et du bruit, c'est l'idéal et je suis heureuse.

J'ai raconté ma rencontre furtive avec Yves, ce garçon qui m'avait donné un franc suisse, cinq ou six ans plus tôt, pour que je puisse appeler mes parents en PCV et que je n'avais jamais revu. Mon mariage a sonné l'heure de nos retrouvailles.

Quelques mois auparavant, je suis dans le grand salon de mes parents lorsque je vois entrer un jeune homme dont le visage me dit quelque chose sans que je puisse le resituer dans mon souvenir. Lui aussi me regarde, je vois qu'il cherche, qu'il cherche… Et soudain :

– Oh, ça alors ! Tu es la fille qui braillait à la poste en Suisse ?!!

– Oh, my God ! me suis-je écriée en le reconnaissant à mon tour.

J'en ai encore des frissons quand j'y repense. On s'est d'abord tendu la main puis on s'est embrassés de bon cœur. Les circonstances étaient si drôles ! J'ai raconté notre histoire à ma mère, ce hasard incroyable qui nous réunissait aujourd'hui. Elle n'en revenait pas.

Yves est québécois, je l'ignorais quand nous nous sommes rencontrés. Là, il a 25 ans et vient se présenter à la maison pour un poste de majordome après avoir travaillé dans plusieurs restaurants. Il avait été fortement recommandé à ma mère par une de ses amies. Évidemment, cette coïncidence va jouer en sa faveur mais, indépendamment de ce coup de pouce du destin, il a de grandes qualités professionnelles et personnelles. Preuve en est qu'il restera auprès de mes parents jusqu'à leur mort. Quarante ans de bons et loyaux services.

Ma mère a fait de l'organisation de la cérémonie une affaire personnelle. Pour elle, évidemment, c'est le mariage du siècle. Elle s'est occupée de tout, faisant venir de Paris les plus belles décorations, les meilleurs traiteurs ; elle a tout supervisé jusqu'aux pochettes d'allumettes ! Quant au choix de la robe et du voile, ses couturiers se sont inspirés de la toilette de Lady Diana quand elle a épousé le prince Charles. Comme toutes les jeunes filles romantiques, j'aime le style « princesse ». Mon voile est immense, incrusté de brillants minuscules ; à chaque mouvement, il étincelle.

J'aimais énormément Lady Diana, j'ai suivi son actualité toute sa vie durant. À tel point que, la veille de son mariage, je n'avais pas dormi de la nuit, je pensais à elle, j'essayais d'imaginer ce qu'elle faisait. Elle était mon modèle dans sa manière d'être, dans ses choix, ses engagements. Je la trouvais belle, sensible, courageuse, élégante, lumineuse. Connaissant ses problèmes d'anorexie, je m'identifiais encore plus à elle.

Lorsque je suis entrée dans la grande cathédrale de Montréal au bras de mon père, je l'ai revue marchant, elle aussi, au bras du sien. J'ai même posé ma main sur mon ventre comme elle l'a fait ! Je me sens belle, je voudrais que le temps s'arrête alors que nous avançons peu à peu vers l'autel :

– Ne marche pas si vite, papa, prends ton temps, chuchotais-je à mon père.

Je voudrais être regardée, admirée, aimée. Être une princesse le temps de la cérémonie. Après, on verra bien…

Comme beaucoup de filles qui ne sont pas autonomes financièrement, le mariage est une bonne occasion d'épouser une forme de liberté. Depuis la fin de l'université, je ressens ce besoin de respirer loin de mes parents mais comment vivre seule, sans métier et sans revenus ?

Nos « débuts » de jeune ménage ressemblent à ceux de bien des couples : mon mari est ingénieur, il travaille sur des projets philanthropiques, en l'occurrence la construction de pompes manuelles pour les pays en voie de développement, une activité passionnante mais peu lucrative. J'ai une grande estime pour lui et ses idéaux, c'est une belle personne.

Il nous a construit une petite maison à la campagne où nous nous sommes installés, heureux de fuir l'agitation de la ville. Femme au foyer, j'apprends à cuisiner, à repasser, je prends même des cours de couture et fais tout un tas de choses nouvelles pour moi. J'apprends à tenir une maison et ces tâches me sécurisent. Je construis, j'embellis, je crée des choses de mes mains et j'en vois le résultat, c'est aussi simple que ça. Pour une âme tourmentée comme la mienne, ce rapport direct avec le matériel, le pragmatique est très rassurant. En m'occupant de « mon intérieur », de ma maison, j'ai la sensation de me construire mes propres fondations. Celles que je n'ai jamais eues avant.

En 1986, je deviens la maman de Sébastien en me disant que je ferai tout pour rendre cet enfant heureux, que personne ne pourra me le contester, que c'est mon choix. Pour une fois que j'en affirme un, haut et fort !

Les crises d'anorexie sont revenues avec le mariage et elles ne se sont pas calmées avec la grossesse, mais je me suis organisée de manière à ce qu'elles ne nuisent pas à mon enfant : je me gave de gâteaux, de chocolats dont je me débarrasse le plus vite possible pour manger ensuite des fruits et des légumes que je garde sachant qu'ils sont bons pour le bébé.

Quand mon petit garçon arrive, je suis tout de suite folle de lui et ne laisse personne s'en occuper ou même le toucher. J'ai même du mal à ce que son père l'approche ! Il est à moi et je deviens d'une possessivité maladive. Il m'arrive même de dormir par terre, à côté de son petit lit, pour être là si jamais il pleure. Je suis constamment à l'écoute de sa respiration ! Je ressens un amour absolu pour cet enfant. J'ai accepté la présence d'une « nanny » à la maison mais je n'y vois pas grande utilité sauf pour ce qui est de rattraper mon sommeil devenu très léger. Nous parlons beaucoup de « baby blues ». Mon attitude à ne jamais vouloir quitter mon fils en a certainement été le début.

Mon mariage a malheureusement commencé à battre de l'aile. J'ai imaginé que la venue d'un enfant arrangerait les choses, ignorant ce que tout le monde sait : seules les unions harmonieuses sont renforcées par l'arrivée d'un bébé, les autres explosent en général assez vite. La mienne a duré sept ans.

Lorsqu'elle a appris que je comptais divorcer, ma mère m'a conseillé d'aller consulter des psychiatres avant d'entamer quoi que ce soit. Ce que j'ai fait mais à quoi bon ? Pour moi les choses sont claires : je ne suis pas heureuse, je me suis mariée pour de mauvaises raisons et, par respect pour mon mari et pour mon fils, je pense qu'il vaut mieux en rester là.

Quant à la réaction de ma mère, elle est très simple : dans notre famille, on ne divorce pas. Pour une fois, je ne l'ai pas écoutée.

Ce fut un moment très douloureux pour nous tous. Plus je voyais de médecins ou de psy, plus j'étais certaine qu'il fallait que je mette fin à mon mariage, même si je sentais que j'allais replonger dans une période d'anorexie beaucoup plus forte.

Celui qui va devenir mon deuxième mari a tout pour plaire à ma mère ! C'est un aristocrate français, très bel homme, de quatorze ans plus âgé que moi. Grâce à lui, je vivrai à Paris le temps que durera notre mariage, sept ans comme le premier. Je suis ravie d'être en France et surtout de mettre un océan et plusieurs heures d'avion entre mes parents et moi.

Une fois encore, je suis incapable de dire si j'aime suffisamment pour unir mon destin à cet homme. Lui dit vouloir prendre soin de moi. À cette époque, rien ne me semble plus important. J'ai pensé que cela suffirait pour que notre couple fonctionne…

Lorsque j'ai su que mon deuxième enfant serait une fille, j'ai été folle de joie. Dans notre famille, les garçons forment la majorité et ma mère aussi a été très fière de l'arrivée de Chloé. À tel point qu'elle a voulu assister à mon accouchement et qu'elle s'est installée dans ma chambre de l'Hôpital américain.

Quand l'heure arrive où je dois descendre en salle de travail, elle me suit et comme il est près de 13 heures et que rien ne lui coupe l'appétit, elle se fait servir, sur place, une assiette de saumon fumé et un verre de vodka par son fidèle maître d'hôtel ! Les soignants sont tellement interloqués qu'ils en restent muets. Elle a tout prévu, y compris l'ambiance musicale : je la vois sortir un lecteur de CD et y glisser un des disques qu'elle a enregistrés. Je vais donc accoucher en écoutant ma mère chanter ! C'est totalement loufoque mais je dois reconnaître que, dans ces moments un peu tendus, la joie de ma mère est réconfortante.

Une infirmière s'approche de moi et me dit que je vais changer de pièce pour subir une césarienne. Ma mère se lève comme un ressort :

– Est-ce que je peux venir ? Comme vous l'a sûrement dit ma fille, j'ai été infirmière aux urgences, de mon temps…

Le médecin accoucheur l'a regardée très surpris mais comme il connaissait bien la famille, il a dit oui. On a habillé ma mère de la tête aux pieds et elle s'est installée juste derrière le médecin dans la salle d'opération. Brusquement, ses anciens réflexes d'infirmière sont revenus et, on me l'a répété par la suite, ma mère a compté les compresses utilisées comme elle le faisait quand elle était en activité ! Son implication et son enthousiasme m'ont beaucoup touchée. C'est un des rares, beaux et tendres souvenirs que j'ai vécus avec elle.

La relation entre ma mère et ma fille ressemble beaucoup à celle que j'aurais tant aimé avoir, moi aussi, avec ma mère. Elle adore Chloé, mais elle ne perd pas le nord pour autant. En cela, elle m'étonnera toujours ! Un jour que nous sommes ensemble à Paris, elle rentre avec moi chez Bonpoint, une jolie boutique de vêtements pour les enfants. Elle a décidé d'offrir quelques tenues à Chloé. Dans la boutique, ma mère virevolte comme une gamine, s'extasiant sur telle robe, tel magnifique cardigan, qu'elle imagine déjà sur le dos de ma fille. Elle choisit à droite, à gauche… À plusieurs reprises, je lui dis que ça va, Chloé a tout ce qu'il lui faut. Non, non, elle insiste pour en prendre davantage. Mais à la caisse, quand ma mère découvre le montant de la facture, elle pète les plombs :

– C'est *don* bien cher !! s'exclame-t-elle. Es-tu sûre, Sophie, que nous ayons besoin de ça, et de ça, et de ça… et encore de ça !

En même temps qu'elle parle, elle enlève un par un presque tout ce qu'elle a pris dix minutes plus tôt dans sa tornade personnelle. Moi, je la regarde faire, médusée, rouge de honte, n'osant pas croiser les yeux de la vendeuse et n'ayant qu'une hâte, que ma mère paie les trois pièces qu'elle a consenti à m'offrir pour que nous quittions le magasin au plus vite.

Voilà le genre de situation impossible qu'elle était capable de me faire vivre et pourquoi je préférais la savoir à distance et faire mes courses seule ! La fin de l'histoire c'est que, le lendemain, je suis revenue dans cette même boutique et j'ai repris tout ce que ma mère avait écarté, en m'excusant pour son comportement.

En agissant ainsi et à plusieurs reprises ensuite, j'ai voulu cacher ses travers pour que l'on ne la juge pas trop vite. Je devais vraiment être stupide pour camoufler ainsi sa façon d'agir en prenant souvent sa défense quand elle était attaquée. La réalité est que je ne voulais laisser à personne le droit de la critiquer car j'en connaissais trop bien les conséquences. Pour moi, toujours les mêmes : la honte, la honte, la honte.

Je le répète, ma mère est un vrai phénomène.

Elle peut se montrer économe y compris pour elle-même. On pourrait imaginer que dans son dressing elle possède plusieurs sacs Hermès par exemple. Eh bien non, car elle les trouve vraiment trop chers. Je n'ai jamais bien compris pourquoi elle chipotait ainsi pour un sac de grande marque. Elle avait une chance folle de pouvoir s'en offrir au moins un ! Peut-être était-ce un réflexe remontant du temps de sa jeunesse et du milieu modeste dont elle était issue, où l'on ne pouvait se permettre un tel luxe ?

C'est donc moi qui lui ai offert son premier sac Hermès que j'ai récupéré après sa mort. Il est maintenant dans mon placard et j'en suis ravie !

Mon père aussi a droit aux humeurs de ma mère et à sa franchise alors qu'il veut juste lui faire plaisir. Comme un enfant, il adore les fêtes de Noël et lui faire des cadeaux somptueux : c'est un bijou caché dans son pamplemousse du matin ou encore de magnifiques boucles posées sur les oreilles d'une énorme peluche à la tête de Mickey !!

« Le pompon » se produit une année où nous passons tous Noël en Floride et où, comme souvent, mon père me demande de l'accompagner dans les magasins. Il tombe en arrêt devant la vitrine Hermès qui a sorti une nouvelle collection, une série de huit sacs en croco, très mignons, mais si petits que l'on peut à peine y glisser un rouge à lèvres, un poudrier et un joli mouchoir. Trois éléments que l'on trouve systématiquement dans le sac de ma mère.

– Sophie, ils sont jolis, non ? Je pourrais prendre tous les huit de couleurs différentes et les offrir à ta mère pour Noël ! dit papa, très enthousiaste.

– Heu… non, non… Je crois qu'elle risque de trouver ça trop petit pour elle. Pourquoi ne pas aller voir ailleurs ?

Mais il y tient, alors on rentre dans le magasin et il les achète tous. La vendeuse les emballe dans une grande boîte orange, comme il se doit.

Le lendemain, le hasard fait que je passe devant cette même boutique avec ma mère qui cherche elle aussi un cadeau pour mon père. Pour lui, c'est très facile : il adore les pull-overs et il est toujours ravi lorsqu'on lui en offre ! Dans la vitrine, elle aperçoit les petits sacs colorés et elle s'arrête net en hochant la tête, l'air exaspéré :

– Veux-tu me dire quelle espèce d'imbécile pourrait acheter un sac si petit à ce prix-là ? Mon Dieu que c'est niaiseux !

Et elle reprend son chemin. Que dire ? Je suis tellement stupéfaite que je ne peux pas sortir un mot. Et pire : quand nous sommes rentrées à la maison, je n'ai même pas pu en parler à mon père pour qu'il aille vite changer son cadeau !

Le jour de Noël, le majordome installe tous les paquets joliment emballés sous l'immense sapin dont la grosse boîte orange. J'ose à peine regarder ma mère quand elle l'ouvre. Lorsqu'elle voit tous les petits sacs bien alignés, elle se tourne vers mon père :

– Bien. Voyons… Comment as-tu pensé que je pouvais aimer ça ? Regarde, on ne peut rien mettre dedans ! Faut-il être fou ? En plus de ça, tu as dû les payer une fortune, c'est ridicule !

Mon père a eu l'air surpris puis il a levé les épaules, tout ça n'était pas bien grave. Pour finir, ma mère les a tous retournés et a choisi quelque chose à sa convenance.

Elle disait toujours ce qu'elle pensait, même à son mari et aussi dans les restaurants, les magasins, à l'opéra, partout ! Je repense à une histoire incroyable qui nous est arrivée, cette fois-ci chez Vuitton, avenue Montaigne à Paris. Comme elle aimait que ses petits soldats soient toujours parfaitement élégants, un jour, elle décide d'acheter à ses infirmières un porte-documents pour ses dossiers médicaux qu'elles transportent toujours avec elles pour le cas où il faudrait retrouver une information en urgence.

Dès notre arrivée chez Vuitton, un jeune homme nous accueille très gentiment et ma mère demande à voir les sacs porte-documents pour femme. Elle pourrait s'en tenir là mais non, elle part dans une explication interminable sur ses infirmières qui n'ont que des sacs laids pour mettre leurs papiers, et, vous comprenez, ce n'est pas possible, et bla bla bla… cela n'en finit pas et je commence à ne plus savoir où me mettre. Je meurs d'envie de crier « STOP, MUM, ÇA SUFFIT ! » mais je garde mon calme en serrant les poings. Est-ce que, pour une fois, on ne pourrait pas faire les choses simplement ?

Je sais bien ce que pense le vendeur. Il se dit que cette femme est une originale, peut-être même un peu « foldingue », mais c'est une bonne cliente alors on va tenter de la satisfaire.

– Bien, Madame, je vais voir ce que je peux vous proposer… En attendant, puis-je vous offrir une coupe de champagne ?

Du champagne à 11 heures du matin ? Je lui fais un petit signe :

– Non, non, c'est très gentil mais ça ira…

Mais ma mère ne l'entend pas de cette oreille :

– Pourquoi non ? Oui, oui, on va prendre une petite coupe !

– Très bien, Madame, installez-vous, j'arrive tout de suite.

Champagne, donc, pour Madame.

Tandis que le jeune homme s'affaire à l'arrière-boutique, ma mère remarque la pyramide de bagages Vuitton installée en décoration qui part de la malle immense, jusqu'à la petite pochette au sommet. Elle l'observe un moment puis elle lève sa canne vers le ciel :

– Tu vois, Sophie, là-haut, c'est le premier sac Vuitton que ton père m'a offert. Plus tard, quand il a eu un peu plus d'argent, il m'a offert ça, puis ça et ça…

Et à mesure qu'elle parle, elle descend sa canne. Arrivée tout en bas, elle me montre la grande malle :

– Maintenant, j'ai celle-ci. Mais c'est juste suffisant pour que je range tous mes médicaments…

Elle dit cela sur un tel ton qu'Yves, l'infirmière et moi éclatons de rire. En même temps, ses paroles me font monter les larmes aux yeux. Ma mère peut être drôle et parfois très touchante.

Quand la personne qui s'occupe de nous revient avec différents porte-documents, elle les regarde dans tous les sens en émettant des petits sons de gorge et elle jette son dévolu sur le dernier modèle. Elle se tourne vers son infirmière :

– Martine, qu'est-ce que tu en penses ? Il te plaît ?

– Oh, très bien, Madame, il est superbe !

Ma mère demande alors le prix de l'article, prix que le serveur lui donne sans une hésitation. Elle a failli s'étrangler :

– Mais êtes-vous fou ?!! C'est beaucoup trop cher !! Allez, on remballe tout et on s'en va !!

Dans le même mouvement, elle a attrapé son sac, sa canne, et elle s'est dirigée vers la porte. Je ne sais même pas comment j'ai pu me lever et marcher tant la honte me paralysait encore une fois. Yves et Martine, plus rodés que moi aux débordements maternels, n'ont pas bronché et ont suivi ma mère très naturellement.

Ce qu'elle n'a jamais su, c'est que le lendemain, comme je l'avais fait chez Bonpoint, je suis retournée toute seule chez Vuitton et j'ai acheté les deux porte-documents pour de futurs cadeaux de Noël aux deux infirmières que j'aimais beaucoup ! Combien de fois, lorsque ma mère s'écriait « Oh, mais c'est trop cher ! » lui ai-je offert l'objet pour lequel nous étions entrées dans le magasin… J'avais si peur qu'à cause de son comportement, on dénigre notre famille.

*
* *

L'année 2000 commence très mal. J'ai bientôt 38 ans et mon deuxième mariage part à la dérive. Je sais qu'un divorce sera inévitable et un second échec difficile à vivre, mais je ne vois plus de solutions. De plus, je me sens incapable de supporter le sermon que ne manquera pas de m'assséner ma mère. Alors, par lâcheté ou par peur d'affronter le jugement de mes parents, je tombe dans une grave dépression.

Lorsque je suis allée passer quelques jours chez eux à Montréal pour essayer de leur faire ressentir mon désespoir, je n'y suis pas arrivée. C'était comme si j'avais la bouche cousue. Le plus souvent, je reste enfermée chez moi tournant et retournant mes idées noires jusqu'à en avoir le vertige. Un jour, chez eux, je vais cacher mes larmes dans la salle de sport. Je marche sur le tapis roulant sans pouvoir retenir mes sanglots. Je n'ai pas entendu mon père arriver :

– Pourquoi pleures-tu, Sophie ? Qu'est-ce qu'il y a encore ?

J'ai sursauté. Au son de sa voix, à son « encore », j'ai senti son exaspération. Alors j'ai menti :

– Non, non, je ne pleure pas. J'ai chaud, tout simplement.

Il a fait demi-tour et a disparu. Comment imaginer lui confier mes problèmes de couple ou lui demander conseil ? Après quelques jours, j'ai bien essayé de m'ouvrir à ma mère pour expliquer la mauvaise passe que je traversais mais notre conversation n'a strictement abouti à rien. Elle n'a pas envie de l'entendre. Je suis donc rentrée à Paris.

Mon corps et ma tête sont fatigués par ces années de maladie et je ne suis pas aussi patiente, aussi présente que je le devrais auprès de mes petits. La nounou doit prendre tout en charge. Bientôt, je ne sors plus de ma chambre, je passe mon temps à dormir et ne veux plus voir personne. Mon anorexie est à son plus haut niveau, je me bourre de n'importe quelle nourriture et me fais vomir quatre, cinq fois par jour. La maladie n'est même plus un refuge ; mes pulsions suicidaires, elles, le sont devenues.

Le peu d'estime que j'ai de moi-même est un frein pour tout. Je me sens bloquée, prisonnière et toutes les frayeurs enfantines remontent à la surface. Sans compter les douleurs physiques, psychologiques, comme celles que je ressentais au pensionnat suisse lorsque j'étais moquée et rejetée de tous. Le personnage maudit de mon enfance qui avait peur de son ombre reprend possession de moi.

Un matin, avant de partir à l'école, Chloé vient me dire au revoir dans ma chambre. Pour la première fois, je n'arrive pas à me lever. Lorsque je me suis rendu compte de cette extrême faiblesse, je me suis mise à paniquer, j'ai eu peur de mourir, de ne plus être là pour mes enfants. En même temps, je n'ai plus d'énergie pour m'occuper d'eux. Alors, je me décide à appeler un ami médecin en qui j'ai une confiance absolue. Enfin une personne qui ne me jugera pas !

– Je ne peux plus me lever, je n'ai plus de forces, lui dis-je, il faut que tu m'aides, je pense devoir être hospitalisée…

On me conduit à l'hôpital. Après quelques jours sous perfusion et des entretiens avec le psychiatre, celui-ci décide de téléphoner à mon père :

– Je crois que votre fille a besoin de vous. Si vous ne venez pas, elle va se laisser mourir… a-t-il dit.

Ma mère n'a pas vraiment cru à cette urgence, mais mon père, lui, est arrivé tout de suite. Nous avons discuté longuement, lui et moi, ça m'a fait beaucoup de bien. En me voyant sur mon lit d'hôpital et en m'écoutant, il a enfin pu mesurer mon désarroi.

– Sophie, ne t'inquiète plus de rien, je m'en occupe, m'a-t-il dit en quittant ma chambre.

J'ai immédiatement ressenti un immense soulagement.

Il a appelé mon mari, puis l'a rencontré pour lui expliquer que je n'en pouvais plus physiquement et mentalement et que la seule solution était qu'il accepte le divorce. Pour moi, nous étions arrivés à la fin de notre histoire. Sans amour, il était inutile pour notre couple de la poursuivre davantage.

Dans ces moments critiques, seuls les visages de mes enfants me raccrochent à la vie. Ne pouvant plus m'occuper d'eux, une frayeur monte en moi : celle de ressembler à ma mère et à mon père. Je ne voudrais pas que mes enfants perçoivent cette faiblesse comme un manque d'amour ou qu'ils se sentent abandonnés. C'est juste de l'impuissance physique et j'ai hâte d'aller mieux pour reprendre ma place auprès d'eux. C'est la seule pensée qui me motive.

Quelques semaines plus tard, j'ai déjà repris des couleurs et un peu de poids. Aux vacances scolaires, je pars quelques jours à l'île Maurice avec ma fille. Je me sens libérée, apaisée. Je peux enfin m'occuper d'elle. C'est tellement bon !

De retour à Paris, je vois un psychologue pour essayer de comprendre ce qui me rend si mal. Ce n'est pas simple à expliquer, d'autant que je n'ose pas lui parler de mes troubles alimentaires. L'anorexie est mon secret. Même s'il m'en avait parlé, j'aurais nié. J'ai trop honte.

J'ai 38 ans et le bilan de ma vie amoureuse parle de lui-même : je me suis mariée à deux reprises, la première fois, à 22 ans, pour être libre mais accompagnée ; la deuxième, parce que je pensais avoir trouvé un compagnon doté de qualités semblables à celles de mon père. J'ai toujours été dans cette recherche : épouser quelqu'un qui m'aimera autant que mon père aime ma mère. Une quête impossible, bien évidemment. Quel homme pourrait relever un défi perdu d'avance ? Et, surtout, pourquoi faire peser ce poids inutile sur ses épaules ?

J'ai rêvé que mon mari s'entende bien avec mon père, que lorsqu'on viendrait leur rendre visite à Montréal, papa puisse me dire : « Il est où ton chum que je lui parle un peu ? », qu'ils aiment se retrouver et discuter ensemble, comme deux amis. Je me plaisais à imaginer la scène. J'avais envie qu'un lien se tisse aussi avec mes frères et comble le gouffre qui s'est creusé au fil des ans entre eux et moi. Un mari pour me réconcilier avec ma famille, en quelque sorte. Et, par extension, de la reconnaissance parentale pour moi. Toujours la même quête éperdue.

Je ne connais rien à l'amour, à ce que l'on ressent quand on aime, je n'ai que le couple de mes parents et ceux de mes deux frères comme point de comparaison, et ils me semblent idéaux. À l'époque, je ne pouvais m'empêcher de poser un regard jaloux sur mes belles-sœurs lorsqu'elles recevaient un beau cadeau de leur mari. En fait, ce n'était pas le cadeau que j'enviais mais le geste amoureux ; j'aurais voulu être aimée de la même façon par un homme, comme elles l'étaient par mes frères.

Moi aussi, j'espérais qu'on me donne des preuves d'amour ! Avoir un mari qui me témoigne toute la tendresse du monde, qui accepte mes manques, qui calme mes peurs et apprivoise ma personnalité si tourmentée, ce rêve m'obsédait autant qu'il me semblait inaccessible.

Inaccessible… Illusoire… Ma mère me répète souvent que je suis « en amour avec l'amour ». Elle veut dire que je cherche quelque chose qui n'existe pas, donc que je ne serai jamais satisfaite.

Mes quatorze années de mariage ont été éprouvantes mais je n'en veux pas à mes ex-maris. Au contraire, je regrette de leur avoir causé autant de peines car ils ne sont en rien responsables de ces naufrages. C'est moi qui ai manqué de courage en ne disant pas que je n'étais pas prête pour le mariage. Mon opinion de moi-même était trop altérée, j'étais trop en miettes pour aimer qui que ce soit et pour me laisser aimer.

Je me suis mariée en espérant trouver un remède à mes failles, à mes cassures. Je recherchais la sécurité. Avec ces deux hommes, j'ai imaginé que ce serait possible mais les blessures étaient trop profondes. Comment aurais-je pu aimer ?

Je suis navrée et triste de les avoir fait souffrir. Je ne pouvais pas les aimer et eux ne pouvaient pas me réparer. J'y ai cru pourtant, je me suis projetée dans ces unions, mais j'étais trop mal pour rendre ces hommes heureux, je ne l'ai compris qu'après.

Je me console en constatant que si ces deux mariages ont été des échecs, nous avons réussi nos divorces ! Aujourd'hui, j'entretiens de bons rapports avec les pères de mes enfants et tout le monde s'en porte bien. Il était urgent d'oublier nos histoires contrariées de couple pour essayer d'être les parents intelligents et aimants de nos enfants.

Moi qui ai mis tant d'années à me construire et l'édifice garde encore bien des fragilités, j'ignorais quelle mère je pouvais être. Il m'a fallu un peu de temps avant que je me sente « maman », non pas que je doute de mon amour pour mes enfants mais je n'avais pas les gestes. N'ayant moi-même jamais été prise et serrée dans les bras par mes parents, je ne savais comment faire. Ce sont mes enfants qui m'ont apprivoisée, eux qui m'ont donné l'envie d'être câline, tendre, aimante.

Grâce à eux, je suis devenue une vraie mère ! Il y avait quelque chose de glacé en moi qu'ils ont fait fondre par leurs sourires et leurs bras tendus. Malgré mes troubles, mes manques, je suis parvenue à leur donner de l'amour mais longtemps j'ai été habitée par la crainte de ne pas leur avoir assez montré que je les aimais et combien j'étais fière d'eux.

Évidemment, lorsque ma fille a grandi, j'ai observé avec une grande curiosité la relation qui allait se nouer entre ma mère et elle. Peut-être, en voyant comment ma mère se comportait, comprendrais-je ce qui n'avait pas fonctionné entre nous ?

Très vite, je découvre que, vis-à-vis de ma fille adolescente, ma mère a les mêmes exigences qu'elle avait avec moi au même âge. Pour l'habillement et l'allure générale, pas de décolleté, pas de maquillage, pas de jean ou seulement des jeans foncés et classiques, rien qui soit dans la tendance actuelle. Chloé qui l'aime beaucoup et qui ne veut pas lui déplaire s'incline mais elle trouve cela très pénible. Comme moi, elle choisit ses tenues avant d'aller la voir ! Parfois, elle revient de chez ma mère passablement énervée :

– Elle n'a fait que parler de ma coiffure ! Pourquoi a-t-elle cette obsession avec mes cheveux ! Il faut toujours qu'ils soient tirés et tout plats ! Si je pouvais me raser la tête, elle serait ravie !

Eh oui, ma chérie, j'ai eu le même problème avec elle toute ma vie !

En grandissant, ma fille s'est conformée à l'attitude générale, à savoir qu'on ne contrarie pas ma mère. Elle a vite appris les compliments qui lui font plaisir et les sujets à éviter pour ne pas la fâcher. Parfois, il lui arrive de comparer les grands-mères si affectueuses de ses copines avec la sienne, exubérante et dominatrice. Petite, comme moi, elle n'a pas eu droit à beaucoup de « je t'aime ». En revanche, plus tard, elles parleront volontiers ensemble, ma mère se passionnant pour ses études de stylisme.

Leur relation n'est pas si simple. Dans les mots de ma fille, j'entends mes inquiétudes d'autrefois. Comme, par exemple, lorsqu'elle me dit qu'elle ressent une vague anxiété quand elle doit aller déjeuner chez ma mère :

– Je suis tendue, j'ai toujours peur d'être prise en flagrant délit d'ignorer quelque chose, que grand-mère me pose des questions sur tel ou tel sujet et que je ne sache pas, m'explique-t-elle. Il n'y a pas eu un dîner chez elle où je suis allée décontractée. J'ai même vécu des moments cauchemardesques : il fallait tout connaître sur la musique. Ce n'était pas un dîner mais un interrogatoire. Je n'avais qu'une envie, me lever et quitter la table !

Des paroles qui résonnent en moi, dans lesquelles je retrouve ce que j'ai vécu et qui me désolent car j'aimerais que la communication entre elles soit simple, comme elle devrait l'être entre une grand-mère et sa petite-fille.

Mon fils, lui, se sent plus en confiance chez mes parents. Il a passé pas mal de temps à Sagard. Je pense aussi que le climat est plus détendu parce que c'est un garçon et qu'on lui fiche la paix sur ces questions d'apparence !

Je n'ai jamais compris pourquoi, alors que mes parents sont gais et drôles en société, les dîners familiaux sont si « corsetés » : on n'y plaisante pas, on ne rit pas, comme dans les familles « normales » où l'on exprime la joie d'appartenir au même clan. Nos dîners dans la grande salle à manger ressemblent à ceux de la cour royale d'Angleterre dans la série *The Crown* : chics, guindés, ennuyeux.

Je ne suis pas allée souvent à leur domaine. Personnellement, je ne m'y suis jamais sentie très à l'aise ; pour moi, c'est un endroit beaucoup trop grand et un peu froid. Situé dans la province de Charlevoix, sa beauté et sa taille ont fait couler beaucoup d'encre et pas la plus « sympathique ». Mais c'est une autre histoire et qui ne m'appartient pas.

*

* *

Après mon second divorce, les liens avec ma mère se distendent. Je suis restée à Paris, on se téléphone rarement, et quand je l'appelle, je suis toujours sur mes gardes de peur qu'il ne me tombe quelque chose de désagréable sur la tête. Si je téléphone à ma mère alors qu'elle regarde les actualités télévisées, je suis priée de rappeler plus tard. Idem si elle est en train de dîner, de bridger. Étant toujours très occupée, trouver le bon moment pour l'appeler devient un tour de force. Parfois, je tombe sur le maître l'hôtel à qui je demande des nouvelles des parents. Puis je raccroche en disant : « Ne les dérange surtout pas (presque heureuse de pas avoir à leur parler), dis-leur juste que j'ai appelé… » Jamais mes parents ne me rappellent, jamais, sauf si l'un d'entre eux doit me réprimander, ou pour me raconter le concert de la veille qui a été « absolument remarquable »… et que j'ai raté.

À l'âge de 40 ans, bien qu'adulte et mère de famille, je continue à avoir des rapports singuliers avec ma mère. Lorsque je passe la voir chez elle, elle est souvent dans son dressing avec sa femme de chambre, cherchant des combinaisons de vêtements pour de futurs voyages ou de prochaines soirées mondaines. Quand j'arrive, elle me met à contribution :

– Ah, Sophie, tu tombes bien ! Alors, que penses-tu si je marie cette robe avec ce chapeau ? Et mon nouveau manteau avec ces chaussures et ce sac ?

Elle fait des essayages à côté de la femme de chambre qui tend les bras comme des barres parallèles pour recevoir les vêtements. Je donne un avis superficiel qui va plutôt avec ce qu'elle a envie d'entendre, sachant bien qu'au final ma mère ne m'écoutera pas. Cela a toujours été ainsi ! Pourquoi changerait-elle tout à coup ? JAMAIS !

Pour ce qui me concerne, jamais elle ne m'adresse un compliment, me dit que je suis jolie, bien coiffée alors que je me suis apprêtée pour elle pendant des heures en espérant un mot encourageant. Jamais, pendant des années, je ne suis entrée dans une pièce où elle se trouvait sans avoir les mains moites ou en pensant à ce qu'elle pourrait critiquer. Je ne me souviens pas d'une seule fois où elle m'a dit spontanément : « Oh, j'adore ta nouvelle robe ! » Jamais. C'est plutôt l'inverse. Combien de fois en me voyant s'est-elle exclamée :

– Oh, my God, c'est donc bien laid ce que tu portes ! Et tes cheveux, ces mèches, c'est affreux !

Mon père, c'est autre chose. S'il juge le décolleté de ma robe trop plongeant, il ne me le dira jamais frontalement, il s'arrangera pour en toucher un mot à ma mère qui, elle, se fera un plaisir de me transmettre l'information. Lui non plus ne fait jamais de compliments. Il est trop timide et maladroit. Plutôt que de me dire que ma robe est jolie ou qu'elle me va bien, il dira : « Mais dans quel magasin as-tu acheté cette belle robe ? » On ne sait jamais sur quel pied danser.

Tout cela peut sembler anecdotique mais lorsqu'on espère un mot gentil de ses parents, une reconnaissance, on est aux aguets et on fait feu de tout bois. On finit même par être jaloux des autres. Souvent, j'entends ma mère parler de mes belles-sœurs comme les personnes les plus belles, les plus élégantes, les plus intelligentes. Et moi, jamais rien. Parfois, j'ai l'impression qu'elle fait exprès de me rabaisser et je n'arrive pas à comprendre pourquoi.

Ses engouements sont difficiles à suivre : un jour, elle adore une personne, le lendemain elle la déteste. Moi qui voudrais lui plaire et être aimée, je marche sur des œufs en permanence.

D'ailleurs, pour faire taire mon angoisse et limiter les risques de tension, j'ai constitué une garde-robe qui lui est dédiée et qui contient une série de tenues pour les jours où je vais la voir et même les périodes de vacances que nous passerons ensemble. Je n'achète ces vêtements que pour elle et ne les porte jamais hors de sa présence. Tout est réfléchi : matières, longueur des jupes, profondeur des décolletés… C'est absurde, je sais, mais que ne ferais-je pas pour obtenir un peu de considération ? D'ailleurs, je suis sûre que je ne dois pas être la seule à me livrer à ce genre de calculs…

Malgré mes efforts, je ne suis pas à l'abri d'un « fashion » faux pas (en tout cas aux yeux de ma mère). En témoigne cette anecdote mémorable, « un immense moment de solitude » et surtout d'humiliation, alors que je n'étais plus une gamine, loin de là.

Le jour où, de passage à Paris, ma mère m'invite à déjeuner au Plaza Athénée avec plusieurs de ses amies, je me dis que je n'aurai pas droit à l'erreur. Un repas entre femmes élégantes où il n'est pas question que je fasse tache.

Pour plus de sécurité, étant à Montréal quelques semaines avant, j'ai décidé d'aller me faire faire une robe par les couturiers de ma mère en qui j'ai toute confiance. Ensemble, on regarde les tissus, ils valident mon choix d'imprimé et ils me proposent une robe portefeuille, style Diane de Fürstenberg. Un modèle sobre et chic qui plaira forcément à ma mère puisque c'est un classique de l'élégance.

Quelques jours après, je passe chercher la robe, je l'enfile : elle est parfaite. Elle vaut une fortune mais tant pis. Ma mère commence à me coûter cher avec ses exigences…

Le jour même, une amie m'accompagne chez le coiffeur. À l'époque, je porte des extensions, donc des cheveux longs, ce que ma mère déteste. Je décide de me faire faire un brushing bien lisse comme elle aime et de les attacher en queue-de-cheval. Et je demande qu'on me coupe une frange sur le front. Ma mère préfère les cheveux tirés en arrière mais, tant pis, je tente ma chance. Psychologiquement, j'ai besoin de cheveux derrière lesquels me cacher : il est trop difficile pour moi d'assumer mon visage totalement dénudé.

Deux heures avant de la rejoindre, je me prépare à la maison avec un mal de ventre qui augmente au fur et à mesure que l'heure d'y aller approche. À l'idée d'être jugée et critiquée, je deviens nerveuse. Pour que je me sente mieux, j'ai fait inviter une amie au déjeuner. Juste avant de partir, je vérifie encore mon allure dans la glace :

– Est-ce que ça va ? C'est correct, tu es sûre ? lui dis-je, angoissée.

– Mais oui, voyons, t'es belle, ne t'inquiète pas !

Je n'oublie pas la manucure : les ongles laqués de rouge, seule couleur tolérée par le diktat maternel.

Puis le taxi arrive et nous emmène vers le restaurant.

Après être restée coincée dans la circulation parisienne, la voiture nous dépose avec dix minutes de retard. Lorsqu'on arrive à la table, ces dames sont en train de consulter le menu.

Je revois la scène comme si c'était hier.

Je me baisse pour dire bonjour à ma mère qui stoppe net mon élan :

– Mais qu'est-ce que t'as fait à tes cheveux ? C'est tellement laid ! C'est quoi cette frange ? C'est affreux ! Et cette robe ? Où as-tu déniché cette horreur ?

Une tirade lancée à très haute voix, de sorte que toutes les personnes présentes dans la salle ont dû l'entendre. J'ai l'impression que le monde s'est figé et que je suis décortiquée comme on le ferait d'un homard, scrutée à la loupe jusqu'au bout des ongles et jetée à la poubelle.

Une amie de ma mère essaie de l'interrompre en disant que je suis très bien ainsi et, moi-même, je tente de dire que j'ai été conseillée par ses propres couturiers, mais ma mère n'entend rien, elle continue de me descendre en flèche en ajoutant même un : « Mon Dieu, que c'est laid ! »

Comme dit souvent Chloé : « Grand-mère est sans filtre. Elle pense quelque chose, elle le dit, sans se poser de question ! » C'est vrai, mais ma mère est intelligente, elle sait très bien à qui elle s'adresse et jusqu'où elle peut aller. Elle ne parlerait peut-être pas ainsi à quelqu'un de pouvoir même si je crains qu'elle l'ait déjà fait à quelques reprises. Ma mère critique beaucoup mais je reste malgré tout sa cible préférée. Avec moi, c'est sans risques et sans enjeu, elle peut se « lâcher » !

Elle m'a jeté ces paroles blessantes au visage et je reste devant elle, assommée debout, le rouge aux joues. Je me sens tellement mal, si humiliée, que je n'arrive pas à dire un mot. Tout ce que je peux faire c'est tourner les talons et quitter la salle de restaurant. J'ai traversé l'avenue Montaigne, vu l'enseigne *Malo*, une boutique de pulls et de vêtements en cachemire et je suis entrée. J'ai tout de suite repéré une robe en cachemire blanc écru avec un col rond. Je l'ai achetée, l'ai enfilée et suis revenue au Plaza :

– Est-ce que celle-ci te va ? ai-je demandé à ma mère en me plantant devant elle.

– Ah, oui, c'est beaucoup mieux !

J'ai passé tout le déjeuner les yeux remplis de larmes, incapable de dire quoi que ce soit. Les amies autour de la table ont essayé gentiment de me parler mais j'étais pétrifiée et humiliée pour la énième fois.

À la fin du repas, ma mère s'est levée en disant :

– Allez, on va faire du shopping ! Vous venez ?

J'ai trouvé une bonne excuse, ai salué tout le monde et me suis enfuie. Maudit déjeuner ! J'en voulais tellement à ma mère et encore plus de ne pas m'être défendue, à 47 ans, alors que je me pensais être devenue assez forte pour le faire. Eh bien, non, je me suis comportée comme une petite fille soumise ! Ce moment a été très difficile à vivre, je ne comprenais pas du tout ma réaction.

On doit penser que je suis un peu « maso » mais c'est ainsi : même si on me blesse, je suis incapable de répliquer en faisant de la peine. Je ne veux pas heurter ma mère avec des paroles désobligeantes. Je ne me suis jamais permis de la défier en lui parlant sèchement. Le faire, devant ses amies en plus, aurait été de la pure provocation. Avec elle, j'ai l'impression d'avoir passé ma vie à m'excuser d'exister.

Pour finir, en arrivant chez moi, j'ai ôté la robe blanche, l'ai glissée dans un sac ainsi que la robe portefeuille et je les ai offertes plus tard à quelqu'un qui a été très heureuse de les avoir. Que rien, jamais, ne me rappelle cet horrible moment ! Nous n'en avons pas reparlé avec ma mère. S'est-elle même rendu compte combien elle m'avait meurtrie ce jour-là ?

Ce n'était ni la première, ni la dernière fois. Je me suis souvent interrogée sur cette manière de faire et il m'est arrivé de penser qu'elle agissait ainsi par jalousie.

Une anecdote m'est revenue en mémoire.

Si mes parents m'ont encouragée à me cultiver, tous les arts ne trouvaient pas grâce à leurs yeux. Oui, pour la danse et la musique mais non au cinéma et que je devienne comédienne. Surtout pas ! Un temps, j'ai pensé être mannequin car j'étais plutôt grande et très mince mais, là non plus, je ne devais pas y songer ! Il fallait être très belle pour le devenir, donc aucune chance dans ma direction.

En revanche, quand j'ai eu 45 ans, quelqu'un y a pensé pour moi : il s'agit de la fondatrice d'un empire de la cosmétique, le « L'Oréal » canadien, une femme adorable. J'ai fait sa connaissance et nous sommes devenues très amies. Comme tous les créateurs, elle change régulièrement d'égérie et, une année, elle me demande si je serais d'accord pour représenter une ligne de crèmes de soin destinées aux femmes de mon âge. Très surprise par sa proposition, j'accepte avec joie et sans aucune hésitation.

Grâce à elle je me suis sentie belle pour la première fois de ma vie car elle m'a fait confiance en me choisissant.

Sur la photo finale, j'ai le visage d'une ballerine : on m'a tiré les cheveux en arrière pour mettre mon visage en valeur. Évidemment, il y a eu quelques retouches mais… c'est bien moi ! Sur le moment, j'ai préféré ne rien dire à ma mère.

La campagne d'affichage sort et on commence à découvrir ma photo placardée dans les pharmacies et sur ce qu'on appelle « les culs-de-bus ». Un jour que je circule en voiture avec ma mère, nous nous retrouvons justement derrière un autobus. Je suis devant, à côté du chauffeur, ma mère derrière comme à son habitude. Je ne dis rien et j'observe leurs réactions.

Le chauffeur m'a tout de suite reconnue. Il me regarde d'un œil interrogatif et me fait un signe de connivence comme un compliment silencieux. Je lui souris. Ma mère, elle, n'a pas réagi.

– Maman, dis-je, as-tu vu la belle fille devant sur le bus ?

Elle jette un œil plutôt indifférent :

– Ah… belle, oui… mais bon.

Pas très enthousiaste. Ce qui est sûr, c'est qu'elle ne m'a pas reconnue.

– Ben… c'est moi !

Là, elle s'anime :

– Comment ça ? Mais voyons donc, ça ne te ressemble même pas ! Ben voyons Sophie, encore une de tes histoires !

– Mais oui, regarde bien… même le chauffeur m'a reconnue !

Elle se penche vers le pare-brise, examine la photo plusieurs secondes et se rassoit dans son siège :

– C'est vraiment toi ? Je ne te reconnais pas du tout !

Ma mère ne m'a pas posé la moindre question sur la manière dont je m'y étais prise pour me retrouver sur cette photo. Aucune curiosité ! Je n'ai jamais compris si elle ne voulait pas que d'autres me trouvent belle ou si elle était jalouse.

Quoi qu'il en soit, j'ai adoré ce moment passé à l'arrière des culs-de-bus et dans les pharmacies. Je serai toujours reconnaissante envers cette femme qui m'a donné un peu de confiance en moi et je lui dis un grand merci !

*
* *

La décennie qui suivra mon deuxième divorce va être marquée par une nouvelle épreuve. Nous sommes au début de l'année 2001. À Paris où je vis désormais, je me suis inscrite dans un cours de danse, version barre au sol. Un jour, je m'aperçois que je vacille dans mes mouvements, que mon équilibre est instable. Au mois de mai, je décide de faire une IRM et le verdict terrible tombe : tumeur au cerveau.

Par chance, j'ai parmi mes cousins un très grand neurologue qui me conseille d'aller consulter à Boston. Mes parents m'accompagnent. Pour la première fois, je vois leur inquiétude et leur peur de me perdre. Leurs regards sur moi me touchent. Tout d'un coup, je sens que nous sommes une vraie famille.

Comme on le sait, aux États-Unis, les gens sont devenus très procéduriers ce qui complique considérablement la tâche des médecins qui n'osent plus donner un avis qui les engage, de crainte que cela ne se retourne contre eux en cas d'échec et qu'ils se retrouvent au tribunal. Face au médecin, j'en suis à le supplier :

– Mais dites-moi ce que je dois faire, je vous en prie ! Je vous jure que même si ça se passe mal, je vous aurai signé une décharge au préalable et vous ne serez pas attaqué !

Rien à faire. Il me renseigne sur le mal dont je souffre mais refuse de me dire si je dois ou pas me faire opérer. Forte de ces informations, c'est à moi de décider ! Surréaliste, non ?

Néanmoins, je continue à rester en contact avec lui et fais toutes les analyses préopératoires sans parvenir à me décider. Brusquement, un samedi soir du mois de juillet alors que je dîne chez mes parents avec leurs amis, je ressens comme une pulsion. Je me lève et change de pièce pour aller téléphoner au médecin :

– Docteur, j'ai décidé de me faire opérer et j'aimerais que ce soit par vous. Je veux juste que vous vous sentiez à l'aise avec moi…

– C'est le cas… Je suis confiant pour vous opérer.

Nous avons discuté quelques minutes puis je suis revenue dans la salle à manger et j'ai regardé mes parents :

– Ça y est, j'ai pris ma décision, je pars pour Boston demain. On m'opère lundi matin.

Il y a eu un grand silence et le dîner s'est un peu écourté pour cause de bagages à préparer, surtout ma mère qui ne sait pas voyager « léger ». Mes deux parents m'accompagnent. Ils n'imaginent pas combien leur présence me soulage.

La veille de mon opération, nous prenons la route pour Boston avec Yves, le majordome, et la secrétaire et nous descendons dans un hôtel où mes parents ont loué une suite avec plusieurs chambres attenantes. Mon père qui perçoit mon angoisse a pris une petite chambre communiquant avec la mienne tandis que ma mère s'installe dans la suite royale avec un lit à baldaquin.

Le lendemain, à 5 heures du matin, mon père entre doucement dans ma chambre pour me réveiller. Il est l'heure de me préparer pour partir à l'hôpital. Il me serre très fort et longuement dans ses bras. Jamais cela n'est arrivé avant. Je crois que c'est dans la force de cette étreinte que j'ai trouvé le courage de résister à ma peur.

Assis à l'arrière de la voiture, mes parents et moi nous tenons par la main. À l'hôpital, ils attendent avec moi. Je me sens assez confiante jusqu'au moment où on me fait monter sur un brancard pour m'emmener. Là, une angoisse terrible m'assaille et je demande à revoir mes parents une dernière fois. Je m'accroche à mon père sans vouloir le lâcher. La main sur mes cheveux, il me rassure :

– Ça va aller, ça va aller, ne t'inquiète pas…

Pour finir, je pars vers le bloc opératoire dont je ne ressors qu'après dix-neuf heures d'opération ! Quand j'ouvre les yeux, les visages de mes parents sont penchés sur moi et me sourient :

– Tout s'est bien passé, my darling…

Par la suite, ma mère viendra me visiter tous les jours.

Mon père l'accompagne mais il reste dans la salle d'attente, plongé dans un bouquin. Il vient là pour être le premier à qui ma mère donnera de mes nouvelles. Il ne rentre pas dans ma chambre. Je crois qu'il ne supporte pas de me voir diminuée. Si l'opération s'est bien passée, je ne peux pas encore parler ni marcher normalement. Je vacille d'un mur à l'autre ayant perdu beaucoup de mon équilibre. Après quelques jours, le kiné et le neurologue me disent que si je parviens à marcher de mon fauteuil jusqu'à mon père – c'est-à-dire quatre ou cinq pas –, ils me laisseront rentrer avec mes parents pour que je puisse continuer ma rééducation à l'hôtel. L'exercice va me demander une force de concentration très importante mais je suis déterminée, je le ferai coûte que coûte, si cela me permet de sortir de cet hôpital. Je rentre dans le salon et m'immobilise à trois mètres de mon père. Le kiné bloque les freins de mon fauteuil. Je parviens à me redresser très lentement et j'avance vers mon père qui me tend les bras, un pas après l'autre, en faisant un effort colossal pour ne pas tomber. Je dois donner l'impression d'être une enfant qui fait ses premiers pas en cherchant son équilibre.

Je suis parvenue à faire les cinq pas demandés et suis tombée dans ses bras ! Des sanglots montent de ma gorge et font jaillir des larmes de joie. J'ai réussi mon exploit !

De retour à l'hôtel, je ne peux pas faire grand-chose. À nouveau, ma mère retrouve les gestes professionnels d'une infirmière pour s'occuper de moi. Elle qui ne m'a jamais vraiment prise dans ses bras, me lave le visage, le corps et me frotte le dos. Elle m'aide pour tout. Ces moments d'extrême proximité m'émeuvent au plus profond, parce qu'il y a un véritable échange, une belle tendresse d'elle envers moi. Mais pourquoi faut-il vivre des moments aussi dramatiques pour que l'amour s'exprime entre nous ?!

Durant cette période, elle et mon père ont été formidables. Cette opération qui aurait dû être vécue comme une épreuve abominable n'est pas si sombre dans mon souvenir. Au contraire, ces semaines ont été ensoleillées par ces multiples attentions de mes parents envers moi.

Hélas, cette « lune de miel » n'a pas duré très longtemps !

Au mois de septembre qui suit l'opération, je vais continuer à prendre des forces dans la maison de mes parents, et surtout, revoir mes enfants qui ne cessent d'être mon unique raison de vivre. Bien qu'heureuse d'être entourée, le bruit m'est extrêmement pénible. L'opération que j'ai subie a un impact sur mon audition, elle amplifie les sons et me provoque des migraines épouvantables dès que l'on parle fort à plusieurs autour de moi. Malgré cela, j'ai tenu à déjeuner en famille mais la douleur s'est tellement amplifiée que les larmes me viennent aux yeux. Brusquement, je prends ma tête dans mes mains :

– S'il vous plaît, s'il vous plaît, parlez un peu moins fort… dis-je.

Tout de suite, ma mère a froncé les sourcils :

– Si tu ne peux pas supporter le bruit, il ne faut pas te joindre à nous ! dit-elle d'un ton sec, ce qui m'a beaucoup surprise, surtout après les semaines que nous venons de passer !

Je me suis excusée et je suis partie me reposer dans ma chambre.

Dès lors, j'ai commencé à vouloir désespérément regagner l'Europe avec mes enfants, et le plus vite possible.

Fin septembre, j'ai pu rentrer en France mais il a fallu plusieurs mois avant de retrouver mon équilibre physique. Encore aujourd'hui, lorsque je suis très fatiguée, mon élocution se fait laborieuse et j'ai beaucoup de mal à trouver mes mots. Parfois, je titube sans même m'en apercevoir comme quelqu'un qui aurait trop bu.

– 10 –

Daniel

Après mon deuxième divorce, je me suis dit que je ne retrouverais plus l'amour. J'ai vécu quelques histoires sans lendemain avant d'aimer passionnément un homme qui était encore plus mal que moi dans l'existence. J'étais heureuse de pouvoir l'aider et le soutenir, je me suis sentie utile et importante, mais je n'avais aucun avenir avec lui. On se ressemblait trop dans nos névroses. Je l'ai quitté avant que nous sombrions ensemble. J'en ai souffert beaucoup mais, par bonheur, Daniel était déjà en chemin vers moi.

Août 2011 restera le grand tournant de ma vie, l'année de la chance, car j'ai rencontré celui qui, je le sais, sera mon dernier compagnon. Nous nous connaissions déjà sans être très proches, mais on s'appréciait.

Non seulement Daniel a enchanté ma vie en m'aimant comme je l'ai espéré et attendu mais il m'a donné cette force qui me manquait. Il m'a appris à me sentir bien avec moi-même. On ne pouvait pas me faire de plus beau cadeau. Il a une douceur, une écoute et une patience pour essayer de me comprendre. D'ailleurs, lui seul me comprend vraiment !

Plus jamais je ne serai cette personne éperdue qui désespérait de pouvoir être aimée ; plus jamais je ne dirai « oui » en pensant « non », ou je ne jouerai un personnage pour gagner de l'affection. Plus jamais je ne chercherai à correspondre à un modèle imaginaire. Aujourd'hui, je suis aimée pour ce que je suis avec mes angoisses, mes doutes et mes fragilités. On m'aime aussi pour mes défauts, ce que je n'avais jamais cru possible !

– J'ai beaucoup de chance de t'avoir rencontrée… m'a dit Daniel.

Cette phrase, il me la répète souvent et pour moi qui ai été rejetée une partie de ma vie, elle est plus facile à dire qu'à entendre. Parfois, elle m'est même intolérable tant elle est forte, j'ai l'impression d'étouffer. Comme si je n'avais pas en moi le réceptacle suffisant pour accueillir autant d'amour. Pourtant, je l'ai et c'est lui qui va s'employer à le combler.

L'année magique de ma rencontre avec Daniel, j'ai 49 ans et un certain nombre de trébuchements sur le chemin de ma vie sentimentale. Bien avant que nos routes ne se croisent, j'avais déjà renoncé à chercher celui qui pourrait ressembler à mon père, comprenant qu'il était unique, qu'il le resterait et que c'était très bien ainsi. Pourtant, je retrouve chez Daniel le regard tendre, gentil et affectueux de mon père. Mais lui, il prend le temps de m'écouter avec intérêt et bienveillance. Jamais, depuis que je le connais, il ne s'est montré maladroit, lointain.

Avec Daniel, je n'ai pas eu à me demander : « Est-ce que j'aime ? Est-ce que c'est ça l'amour ? », c'était évident. Avec lui, je me sens belle. Cette phrase qui peut sembler aller de soi quand on est amoureux, je ne me l'étais jamais dite avant.

C'est la vertu des unions tardives : à nos âges on ne peut pas se tromper, on aspire aux mêmes choses, au bien-être, à la tranquillité. On est aussi beaucoup plus tolérant, indulgent, respectueux. En rencontrant Daniel, j'ai enfin trouvé mon équilibre.

J'ai donc profité du passage de ma mère à Paris pour le lui présenter.

Personne ne m'aurait empêchée d'aimer Daniel, mais il était important pour moi qu'il réussisse son « examen de passage ». J'ai donc proposé à ma mère que l'on se retrouve dans la suite de l'hôtel où nous étions.

Avant son arrivée, j'ai bien « briefé » Daniel sur le « personnage » afin qu'il ne soit pas trop effrayé. Dans la suite royale qu'elle réserve lorsqu'elle est de passage à Paris, je vérifie qu'il y a bien ses fleurs préférées, la vodka, les fruits, et les petits gâteaux apéritifs… Tout semble parfait et prêt à recevoir Madame ! Le seul gros inconvénient du moment et dont je n'ai pris connaissance qu'un peu tardivement est la rénovation de l'hôtel mitoyen. Je n'espère qu'une chose, que les travaux ne nuiront pas à la tranquillité de son séjour à Paris.

Nous sommes en train d'attendre ma mère dans l'un des couloirs capitonnés qui desservent les chambres, lorsqu'un brouhaha provenant d'un ascenseur attire notre attention :

– Ah ! ça, c'est elle qui arrive ! dis-je à Daniel, sentant immédiatement en moi l'angoisse poindre.

Je vérifie ma mise, jette un œil à celle de Daniel : parfait !

Sur les murs tapissés, on perçoit le bruit rythmé de sa canne offerte par un grand académicien, ami de la famille. Toc, toc, toc. De loin, je l'entends s'exclamer :

– Oh, mon Dieu, comme ça fait du bien d'être à Paris !

Daniel ouvre de grands yeux en se demandant ce qui va bien surgir au détour du couloir. À ce moment, ma mère fait une apparition digne d'une entrée d'opéra, suivie par une colonne militaire : la direction de l'hôtel au complet, le manager, la gouvernante d'étage aux petits soins pour une de leurs clientes préférées. Arrivent juste derrière son majordome, son chef cuisinier, son infirmière, sa femme de chambre suivis de bagagistes transportant une impressionnante cargaison de valises, toutes siglées Vuitton. En quelques secondes, le couloir est envahi.

Depuis toutes ces années, j'ai l'habitude des arrivées en grande pompe de ma mère, ce qui me laisse tout loisir d'observer la tête de Daniel. C'est simple, ses expressions vont de l'étonnement à la stupéfaction pour finir en grand sourire tant ce spectacle digne d'un film avec Louis de Funès l'amuse. À l'évidence, il se demande dans quelle famille de fous il est tombé.

Quand ma mère nous a aperçus, son sourire s'est illuminé :

– Hi, darling!

– Hi, mum! Comment vas-tu ? As-tu fait bon voyage ?

Je réponds sur un ton enjoué, nerveuse, mimant la joie, l'excitation de la retrouver :

– Maman, je te présente Daniel…

– Oh, bonjour Daniel ! Comment allez-vous ? Entrez, on va prendre un verre dans ma suite…

Elle m'épatera toujours : après sept heures d'avion et un bon décalage horaire, elle est maquillée, chapeautée, « chanellement » vêtue, fraîche et enjouée, comme si elle sortait de son boudoir. Égale à elle-même.

Il est tard, bientôt minuit, mais ma mère semble en pleine forme. Là, je sens qu'elle est partie pour toute la nuit.

Très enjouée et à l'aise comme à son habitude, ma mère joue à la maîtresse de maison dans sa suite royale :

– Asseyez-vous, asseyez-vous, Daniel… Je vais nous préparer ça.

Elle fait appel à son majordome :

– Où est la glace ? Oh, mais il n'y en a pas assez, il m'en faut davantage. Appelez le room service. Des glaçons tout de suite !!!

Nous nous sommes installés sur les grands canapés ivoire du salon. Ma mère parle, parle, elle nous raconte tout son voyage en observant Daniel mais sans poser une seule question le concernant, comme si elle le connaissait depuis toujours. Elle ne parle que d'elle-même, d'un spectacle vu à New York, en passant par la musique qu'elle a écoutée dans l'avion jusqu'à sa dernière brûlure d'estomac. Daniel écoute, un petit sourire aux lèvres, enivré par ce flot de paroles. J'ai bien fait de le prévenir !

À un moment, je regarde ma montre ostensiblement et je lui fais signe de se lever :

– Hou là, il est très tard, maman, on va y aller. Daniel travaille tôt…

– Ah, mais oui, bien sûr ! Allez-y… On se voit demain, hein ? On déjeune ensemble.

Elle ne nous demande pas si nous avons un autre programme, non, l'invitation est une injonction. À peine sommes-nous sortis de sa suite que Daniel se tourne vers moi en riant :

– Quand même, c'est quelque chose, hein ?

J'ai bien vu que ma mère le trouvait charmant. Je crois qu'elle l'a aimé tout de suite et qu'à son habitude, elle a voulu lui plaire. Quand, au fil de la discussion, il a déclaré adorer l'opéra, ce qui est vrai et bien avant de la rencontrer, elle est littéralement tombée en amour pour lui. Moi, je me suis contentée de les regarder, apaisée, satisfaite de la tournure que prenaient les événements.

Cette première rencontre n'aurait pas pu mieux se passer. Je me voyais devoir passer une partie de la nuit à discuter avec ma mère, buvant de la vodka dans son salon de 150 m^2 en attendant que sa garde rapprochée vide ses bagages. Mais non, elle a remis la suite au lendemain et nous a congédiés avec son plus joli sourire. Je dois dire que je suis très fière d'elle, pour une fois elle a tout bon !

Le lendemain, à l'aube (il doit être 5 heures du matin), coup de fil de ma mère qui ne demande pas si elle nous réveille ou si elle dérange :

– Oh, mon Dieu, qu'il est beau ton homme ! s'exclame-t-elle. Et tu sais à quel point j'ai un faible pour les petites fossettes au menton !

Je ne le savais pas, maman, et suis heureuse de l'apprendre. On peut se rendormir à présent ?

Plaisanterie mise à part, je me sens extrêmement soulagée. Tout se passera bien lorsque j'irai voir mes parents avec mon chum et c'est autant de tranquillité gagnée. Pour des tempéraments anxieux comme le mien, cela ne se refuse pas. Par la suite, il se créera entre ma mère et Daniel une vraie relation de confiance.

Le déjeuner du lendemain est fixé au restaurant Le Voltaire dans le 7e arrondissement. Ce que j'ignore avant qu'elle arrive, c'est que ma mère s'est couchée extrêmement tard et qu'à 5 heures du matin, après nous avoir appelés et ne trouvant pas le sommeil, elle a pris un somnifère. Le décalage horaire ne doit pas arranger les choses.

Au matin, elle dormait à poings fermés. La femme de chambre a attendu jusqu'au dernier moment mais il a bien fallu aller la réveiller.

Je l'ai vue arriver, lunettes noires sur le nez, titubant de droite et de gauche.

– Qu'est-ce qui t'arrive maman ?

– Je ne sais pas, je dois être un peu fatiguée…

Elle s'est à demi écroulée sur sa chaise.

– Daniel, assieds-toi à côté d'elle, elle va tomber… ai-je chuchoté à mon compagnon.

Jamais je ne l'ai vue comme ça. Elle mange comme un automate, parle au ralenti, semble surprise de ce qui lui arrive : « Je ne comprends pas pourquoi je suis comme ça… » répète-t-elle. Cette phrase, c'est ma mère tout craché : elle ne fait jamais le lien entre causes et effets !

J'ai dit que l'hôtel voisin du George V était en travaux. Or, le mur de la chambre de ma mère donne directement dessus et, toute la journée, on entend le bruit des marteaux-piqueurs. C'est à devenir fou et elle n'en peut plus. Pour une fois, elle n'exagère pas, c'est intenable. Daniel qui travaille dans l'immobilier essaie d'en savoir un peu plus :

– C'est l'hôtel Prince de Galles qui est en rénovation ?

– Je ne sais pas mais on dirait qu'ils ont attendu que j'arrive pour commencer les travaux… répond ma mère avec son habitude de se placer au centre de tous les événements.

– Parce que sinon je connais quelqu'un qui…

– Ah oui ? interrompt ma mère très intéressée. Alors, tu pourrais les appeler pour leur dire d'arrêter ce boucan ?

Le plus incroyable dans toute cette histoire, c'est que Daniel qui connaît le maître d'œuvre du chantier est parvenu à faire interrompre les travaux durant une dizaine de jours. Après cet épisode, lui qui était très haut dans l'estime de ma mère est encore remonté d'un cran. Elle lui donne du « mon Daniel » à toutes les occasions et sur tous les tons !

Autre atout de mon chum, inestimable aux yeux de ma mère : son goût pour la nourriture. Lui aussi a un bon coup de fourchette. Depuis qu'il est allé déjeuner une fois chez mes parents, il s'est pris d'affection pour leur table ! Chez eux, on ne fait pas dans la légèreté, la nourriture est abondante et le dîner familial est du style « gastronomique ». On vous sert un pâté, une dinde farcie, une tourte à la viande et un soufflé au chocolat au cours du même repas. Ma mère qui reprend de tous les plats, pousse les autres à le faire avant elle pour se déculpabiliser !

– Allez, Daniel, vas-y, sers-toi bien, je sais combien tu aimes ça !

Moi, j'ai arrêté de manger depuis longtemps. Je ne peux même pas regarder ma mère engouffrer toute cette nourriture. Ça me dégoûte. Mon chum, lui, ne se fait pas prier. Sur ce terrain, ils s'entendent comme larrons en foire.

Maintenant j'ai compris pourquoi il aime tant dîner chez mes parents : il se gave comme une oie… tout en sachant que je vais l'assommer dès que nous serons revenus chez nous ! Je le regarde, il semble tellement heureux ! Une fête pour lui, un cauchemar pour moi. Rentrés à la maison, je contemple son ventre rond, il regarde ma tête navrée et on éclate de rire.

Je reconnais qu'au quotidien, j'ai tendance à imposer ma manière de m'alimenter et j'imagine qu'à certains moments, cela lui pèse. Daniel adore les desserts, les sucreries et mon yaourt nature ne le fait pas rêver. Je peux le comprendre. Mais je travaille ma tolérance, on avance, on avance !

Je me servirai souvent de la présence de mon homme pour adoucir mon rapport à ma mère. Quand j'ai des choses importantes à lui dire, je m'arrange pour que Daniel soit là. Devant lui, elle surveille la manière dont elle me parle et je me sens protégée. Dois-je encore l'être à 50 ans passés ? Il faut le croire, puisqu'il n'y a pas si longtemps, j'ai tergiversé de longues minutes avant de lui apprendre que j'avais vendu ma maison pour un appartement. Dès que je dois montrer à ma mère que je prends des initiatives, je suis nerveuse. Je préfère lui cacher les choses plutôt que de subir le feu de ses questions. Et ça ne changera jamais.

Comme nous tous, Daniel a appris à supporter les enthousiasmes maternels. Un jour, nous décidons de nous rendre en avion au domaine familial avec ma mère. À l'aéroport de Chicoutimi situé à une heure et demie de la maison, à peine sommes-nous montés dans la Cadillac que ma mère demande au chauffeur qu'il installe le DVD du film *La mélodie du bonheur* :

– C'est magnifique, vous allez voir ! Allez, mettez vos casques !

Daniel me regarde du coin de l'œil, l'air désespéré. Je lui fais signe de s'exécuter. L'histoire, je la connais par cœur mais comment y échapper ?

La voiture est équipée d'écrans et de tout le matériel hi-fi pour permettre un visionnage et une écoute de grande qualité. Nous voilà partis pour une heure et demie de comédie musicale. À son habitude, ma mère chante sur la voix de Julie Andrews, elle commente les actions en s'exclamant : « C'est fantastique, non ? » Qui osera lui dire que c'est la cinquième fois qu'elle nous fait le coup et que cette *Mélodie du bonheur*, on n'en peut plus !

Quand la voiture s'est arrêtée devant la maison, le film n'était pas terminé. Ma mère nous a obligés à rester dans la voiture jusqu'au mot « fin ». On n'en pouvait plus.

À Sagard, comme partout ailleurs quand on passe du temps avec ma mère, on ne peut toujours pas regarder une émission de télévision qui nous plaît si cela ne correspond pas à son choix. Pire, on doit se cacher pour aller voir un film dans le « home cinéma » que mes parents ont installé, parce qu'elle ne supporte pas qu'on ne soit pas à ses côtés à faire exactement comme elle. Si on sort du salon où elle se trouve, elle demande où on va et si on a envie d'aller se dégourdir les jambes, elle nous impose sa présence. Rien n'a changé depuis l'enfance, il faut toujours qu'elle dicte ses envies, son rythme de vie.

Mon père a beaucoup aimé Daniel. Il m'a souvent répété qu'avec lui, j'avais trouvé « le bon gars ». Je le lui ai présenté à un moment où nous étions à New York. Nous étions tous les quatre, avec ma mère. Je me souviens comment je tremblais dans l'ascenseur en montant vers leur appartement. On a discuté ensemble, tout allait bien et brusquement, après le dîner, mon père a dit à Daniel :

– Bon, mon garçon, viens dans mon bureau, on va discuter un petit peu…

Oh, my God ! Daniel avait 60 ans à cette époque mais je l'ai regardé comme s'il était un petit garçon qui se rend dans le bureau du proviseur. Lui était plutôt à l'aise et, pour finir, « l'entretien d'embauche » s'est bien passé ! Daniel m'a raconté avoir subi un interrogatoire en règle pour savoir quels étaient ses projets avec moi. Il a découvert avec surprise que mon père s'était déjà renseigné sur lui. Ne tenant pas à voir sa chère fille partir avec le premier aventurier de passage, il avait pris les devants ! Aventurier, Daniel ne l'était pas, et loin de là : quand je l'ai connu, il exerçait des fonctions importantes dans le secteur de l'immobilier. Quelqu'un de très sérieux, donc. Mon père n'avait pas à s'inquiéter.

Sa « bénédiction » m'a soulagée. J'étais heureuse qu'il lui plaise. Libérée de toute critique potentielle, je pouvais commencer ma vie de couple, l'esprit tranquille.

Avec Daniel, j'ai trouvé l'harmonie que je recherchais. Avant lui, et alors que j'étais adulte, il m'est arrivé parfois de « payer » pour qu'on m'aime. C'est dur de l'admettre mais je veux être honnête jusqu'au bout. Alors, bien sûr, pas en donnant de l'argent comme je le faisais enfant avec mon argent de poche, mais en étant généreuse de manière excessive, en invitant systématiquement à dîner, en offrant des cadeaux, des voyages, pensant qu'ainsi on m'aimerait davantage.

Certains en ont abusé et je pense à une femme en particulier qui était mon amie depuis très longtemps et avec qui je pensais partager des moments de vraie amitié mais, malheureusement, j'ai réalisé bien trop tard que ce n'était qu'illusion. Je me suis même fâchée avec ma fille car, comment aurais-je pu penser une seconde que, malgré son jeune âge, elle puisse avoir raison de vouloir me détacher de cette personne qu'elle jugeait manipulatrice et intrigante ?

Et pourtant, c'est ce qui m'est arrivé avec cette femme, et cela illustre parfaitement ce qui se produit lorsqu'on perd tout sens critique au point de se laisser manipuler et qu'on ne réagit pas de peur d'avoir à affronter l'autre. Bref, qu'on est sous emprise.

Lorsque nous partions en vacances ensemble, c'est elle qui décidait de mon emploi du temps. Parfois, des personnes passaient par elle pour m'inviter à déjeuner, à dîner. Elle répondait que je ne pouvais pas et elle interdisait à certains de venir chez moi. « Sophie aime être seule, disait-elle, d'ailleurs elle n'aime personne... » J'étais devenue une marionnette entre ses mains.

Avec des amis comme ça, on n'a pas besoin d'ennemis !

N'importe qui aurait refusé un tel ascendant sur sa personne, mais cette prise en charge de moi et de ma vie me rassurait, me sécurisait. Sans que je m'en rende compte, elle se conduisait comme ma mère ; tout en cette femme me la rappelait ! D'ailleurs, elles se connaissaient et s'appréciaient. J'ignore pourquoi elle voulait ainsi avoir la main sur moi. Je ne me suis pas méfiée. Elle m'appelait « ma sœur », je n'ai rien vu venir.

Il m'a fallu plusieurs années pour m'en défaire et je n'ai pu m'en éloigner qu'à la faveur d'un déménagement. Mais je n'ai jamais osé l'affronter de face, lui dire ma manière de penser, elle me faisait trop peur. J'ai fini par m'en séparer mais le sevrage de cette « amitié » m'a occasionné une « belle » période d'anorexie.

J'y ai beaucoup réfléchi depuis : jamais je ne dirai que je suis « tombée » malgré moi sur cette femme toxique. Je sais bien qu'il n'y a pas de hasard et que, consciemment ou pas, je suis allée vers elle et je l'ai laissé entrer dans ma vie pour toutes sortes de raisons. La principale étant qu'avec elle je me positionnais comme une enfant et que sa présence forte me réconfortait. Jusqu'au moment où j'ai grandi et réagi.

Heureusement, depuis je me suis construit de nouvelles relations plus fiables avec des amies que j'aime beaucoup et qui m'ont prouvé leur attachement véritable. L'hiver dernier, nous nous sommes toutes retrouvées dans ma maison en Floride pour quelques jours de vacances. Quand nous sommes allées au restaurant, j'ai immédiatement voulu les inviter mais elles ont refusé d'une seule voix :

– Ah non, non, tu ne vas pas commencer à tout payer !

Ce qui m'a touchée, c'est ce que mon amie corse a ajouté ensuite, et elle parlait pour les autres :

– Sophie, arrête… Tu es aimée, n'aie pas d'inquiétude à ce sujet… ON T'AIME ! ET ON T'AIME COMME TU ES !

Elles connaissent un peu mon histoire. Grâce à elles, je me sens plus forte pour avancer.

– 11 –

Galères sur un yacht

Comme toujours, les rapports avec ma mère sont restés compliqués. Son narcissisme fait qu'elle veut tout contrôler, tout régenter. Elle aime donner des ordres pour tout, même pour les choses qui pourraient être agréables : « Le soir du réveillon, tout le monde doit être là à 18 heures précises ! Et pas plus tard ! » Ce n'est pas une invitation mais une convocation à laquelle mieux vaut ne pas se soustraire si on ne veut pas s'attirer ses foudres.

J'aimerais tant qu'on se parle avec gaieté, avec tendresse, qu'on échange des confidences, surtout depuis ces dernières années où, grâce à Daniel, j'ai trouvé une stabilité affective. J'aimerais partager mon bonheur avec ma mère.

J'aurais passé mon temps à composer pour qu'on se voie sans tension.

Dans les dix dernières années de sa vie, elle a pris l'habitude chaque été de louer d'énormes yachts pour venir en Corse, là où je passe mes vacances depuis vingt-cinq ans.

Mon père, souffrant, n'a pu l'accompagner, ce qui n'a pas empêché ma mère de partir plutôt que de rester avec lui. C'est ainsi, même s'il y a, me semble-t-il, un temps pour être près de son mari et l'assister, un temps pour aller voir des opéras, un temps pour les vacances.

Après la mort de mon père, elle continuera de voyager. Ma mère veut tout embrasser. C'est une femme libre dont personne n'a contrarié l'appétit de vivre et que rien n'a jamais arrêtée.

En Corse, notre maison est petite. À certains endroits, mon fils se cogne la tête contre les poutres du plafond ! Elle ne paie pas de mine mais on l'adore. Je pourrais y accueillir ma mère, pourtant je m'y refuse, je ne veux pas l'entendre critiquer ceci et cela durant tout le séjour. J'ai même imaginé un stratagème pour qu'elle ne nous impose pas trop sa présence et son rythme de vie.

La veille de son arrivée, je loue un bateau pour suivre celui de ma mère dans toutes ses promenades maritimes qu'elle ne manquera pas de faire. Évidemment, lorsqu'elle voit mon bateau, ma mère s'étonne :

– Mais pourquoi ne viens-tu pas sur le mien avec ton amoureux ? Installez-vous ici, c'est ridicule, j'ai six cabines disponibles !

Il faut dire qu'à côté de son immeuble flottant, notre bateau a l'air d'un fer à repasser ! J'ai refusé son invitation prétextant qu'ainsi elle serait plus à l'aise pour déployer ses quarante valises… Je ne sais pas si elle m'a crue mais peu importe. J'ai préservé notre tranquillité et notre liberté !

Un soir, nous l'invitons à venir boire un verre avec ses amis à bord de notre petit bateau. Comparé au sien, on y est presque à l'étroit. Pourtant, ma mère s'y trouve si bien qu'elle ne veut plus repartir et qu'elle propose de terminer les vacances « chez nous ». Nous nous sommes regardés, mon homme et moi, comme si quelqu'un nous avait menacés de nous jeter par-dessus bord ! C'est sans doute ce que nous aurions fait si elle avait mis sa menace à exécution. Finalement, constatant l'exiguïté des lieux, elle a fini par y renoncer et elle est remontée sagement sur son magnifique bateau.

Quarante bagages… on peine à le croire mais c'est la réalité. Ma mère ne sait pas se déplacer autrement. Pour satisfaire sa coquetterie, à chaque voyage sa femme de chambre doit prévoir plusieurs valises pour ses chapeaux, ses chaussures, ses sacs à main, pour le maquillage, une autre pour les bijoux, et le reste pour la lingerie et les médicaments. Elles abritent aussi les tailleurs, jupes et pantalons, les robes de ville, de cocktail, robes de soirée, manteaux, capes, écharpes... Sans oublier les dizaines de gants qu'elle fait fabriquer à Paris par des artisans, tous cousus main, et quelle porte avec beaucoup de chic.

Pour faciliter les essayages, la femme de chambre a eu l'idée judicieuse de photographier toutes ses tenues en variant les compositions. Le matin, ma mère consulte le classeur des vêtements et choisit une tenue. Ainsi, elle gagne un temps fou.

Il faut dire qu'elle possède une garde-robe royale ! Durant une grande partie de sa vie, elle a voyagé en jet privé et pour cause : jamais les avions de ligne n'auraient accepté autant de bagages.

Notre bateau est comme les avions de ligne, il ne peut pas recevoir l'immensité de son dressing.

L'autre raison pour laquelle je ne veux pas être sur son yacht est que ma mère refuse à son entourage qu'il prenne le soleil, prétextant les risques de cancer de la peau. Moi qui adore bronzer, cela m'est interdit, même si je lui dis que je suis couverte de crème protectrice indice 70… ce qui est faux, évidemment ! J'ai toujours dû me cacher pour prendre des couleurs, et surtout pas en bikini car elle trouve ce vêtement trop léger et surtout trop vulgaire. Elle préfère me voir dans une version de ses maillots de bain style années 1920 avec bonnets assortis ! Jamais de la vie, on ne me verra dans une telle tenue sauf, parfois, lorsque j'organise des épreuves de natation, des « relais » entre amis où nous devons changer de maillots entre chaque épreuve. Je dois dire que nous rigolons bien de nous voir tous dans ces maillots à jupette appartenant à ma mère !

Quand même, à mon âge je n'ai pas à subir ses goûts vestimentaires, surtout pendant les vacances où l'on est censé être « cool ». Je me surveille déjà assez comme ça tout au long de l'année. Maintenant basta !

J'ignore où elle trouve ses costumes de bain qui rappellent les vêtements que portaient nos arrière-grands-mères quand elles allaient à la plage, avec leurs bonnets collés au crâne comme des nageuses olympiques. Le tout porté avec des capelines, des grosses lunettes et des bijoux fantaisie. Elle a un look incroyable et elle est tellement sûre d'elle, que tout passe ! Encore une fois, je la trouve ridicule mais elle ne l'est peut-être pas aux yeux des autres. Moi, c'est autre chose : je suis toujours égarée et affolée de ne pas être parfaite.

Dès qu'elle loue un yacht, ma mère impose à bord son propre chef qui sait lui cuisiner ce qu'elle aime : hamburgers, poutine, œufs bénédictine ou le ragoût de pieds de cochon qu'elle adore. Elle mange des crêpes, des saucisses, du bacon au petit déjeuner. C'est gargantuesque ! Les plats que personne n'aurait l'idée de cuisiner en plein été, elle, elle en raffole. Elle baisse la température intérieure du bateau en faisant mettre la climatisation à fond comme si elle nous recevait dans un réfrigérateur ! Heureusement, il y a toujours de très belles couvertures installées un peu partout et distribuées par les membres de l'équipage si besoin. Ses invités tremblent de froid mais elle n'en tient pas compte car elle seule fait sa météo. Le froid glacial de la salle à manger justifie souvent le choix de ses plats favoris, en général des plats canadiens qui tiennent bien au corps et qu'on mange d'habitude en hiver ou en Alaska avant d'aller chasser le phoque !

Évidemment, elle a aussi emmené tout son staff. Parmi les invités réguliers du yacht figurent un bon nombre de musiciens, de chanteurs qui l'accompagnent dans sa croisière. À toute heure du jour, on peut entendre des airs d'opéra qui proviennent de l'intérieur du bateau ou du pont quand il fait beau.

Là encore, ce sont de véritables performances auxquelles se livrent ces musiciens : ils jouent matin, midi et soir selon son désir ! Comme je ne peux pas me défiler en permanence, je suis bien obligée d'assister à certaines soirées dans le salon aménagé d'un piano à queue qu'elle a fait livrer sur le bateau pour ses soirées musicales. Parfois, il est une heure du matin et je vois les visages exténués des artistes mais, toute à sa joie, à sa passion, ma mère ne voit rien :

– Oh, s'il te plaît, joue-nous encore ceci, cela ! crie-t-elle en battant des mains, enthousiaste.

Elle n'est pas près de se fatiguer, d'autant qu'elle a demandé à ce qu'on lui fasse venir exprès d'Ajaccio, (mon chum et moi sommes allés le récupérer) un la-Z-boy, ce « super » fauteuil extraordinairement confortable où l'on peut allonger les jambes en appuyant sur un simple bouton. Dès lors, ma mère peut écouter ses musiciens adorés jusqu'au bout de la nuit. Il n'est pas rare de voir des invités qui somnolent sur le canapé sursauter soudain en entendant ma mère applaudir bruyamment ! Une fois de plus, je ne peux rien dire.

À 80 ans passés, elle est toujours en pleine forme : chaque jour, elle fait sa gymnastique, elle s'entretient en jouant au golf et en prenant des cours d'aquagym. Au fil des ans, son grand appétit et sa gourmandise lui ont fait prendre quelques kilos mais elle resplendit de vitalité. Dans sa manière d'être, je vois bien qu'elle ne supporte pas de vieillir. D'ailleurs, elle est assez coquine, elle a toujours voulu plaire : dès qu'elle voit un bel homme, elle minaude, elle le drague avec son regard craquant et semble convaincue que tous sont amoureux d'elle.

Lorsque nous allons déjeuner ou dîner ensemble dans un restaurant ou prendre le thé à son hôtel, elle se place systématiquement à l'endroit où on peut le mieux l'admirer :

– As-tu vu le barman, le petit clin d'œil qu'il m'a fait ? me dit-elle ravie.

Je souris, sachant très bien qu'un serveur d'hôtel ne se risquerait pas à perdre son job en se livrant à de telles familiarités. Elle a l'air si contente et tellement certaine que tout le monde l'adore !

Il faut reconnaître qu'elle a beaucoup de charme. Souvent je l'observe jouer de son regard, de ses yeux magnifiques, de son sourire et je me demande qui va tomber dans ses filets. Elle ne ferait pas grand-chose de sa proie si, d'aventure, elle en capturait une, mais ce n'est pas ce qui compte. L'important pour ma mère, c'est de séduire. Elle se conduit comme une éternelle jeune fille. Pour elle, la vie est une fête en continu.

Pour ceux qui la côtoient rarement, qui ne la voient qu'une seule fois, elle amuse et étonne beaucoup. Il faut la voir dans l'eau, jouant les Esther Williams dans son plus beau ballet aquatique, riant aux éclats ou chantant des airs d'opéra, confortablement installée sur une grosse frite en mousse, maintenue par quatre marins qu'elle a triés sur le volet pour leur physique avenant. « Oh, boys! » comme elle dit ! Ils doivent être grands, beaux, musclés, jeunes, évidemment, les cheveux courts et, surtout, sans barbe ni moustache.

Ce qui est drôle, c'est qu'elle attire souvent des homosexuels par sa féminité, son humour, son extravagance, son côté « diva » ! Il m'arrive de lui murmurer à l'oreille que celui qu'elle voudrait charmer est plutôt un rival qu'une future conquête mais elle hausse les épaules en pouffant de rire :

– Mais non, oh là là, pas du tout ! Lui, homosexuel ? Voyons, tu n'y connais rien !

Parfois, ce comportement séducteur agace mon père qui, sans jamais vouloir l'admettre, est très jaloux. À l'inverse d'elle, mon père ne se rend pas compte du charme qu'il dégage. Il est très bel homme avec quelque chose de tellement tendre dans le regard. C'est un homme très intelligent et très cultivé, ce qui plaît généralement aux femmes. C'est un grand conteur d'histoires ! J'en vois bien quelques-unes qui adoreraient mettre le grappin dessus mais lui n'a d'yeux que pour ma mère. Elle peut dormir tranquille car elle n'aura jamais à se préoccuper de l'amour et de la fidélité de son mari.

Pendant une bonne partie de ma vie, j'ai vécu avec une gêne, un sentiment de honte quand je voyais ma mère dépasser les bornes. Honte d'être avec elle en public, honte de son comportement excessif, de son extravagance, honte de ses paroles qui pouvaient être brutales et, parfois, sans aucune discrétion. Toutes ces façons d'être ont beaucoup nourri mon mal-être physique et psychologique.

Combien de fois alors que nous étions au restaurant l'ai-je entendu s'exclamer : « Mon Dieu, que ce plat est mauvais ! Tu trouves ça bon, toi ? » et ai-je vu quelques tables à côté se retourner vers nous. Sans parler des serveurs qui filaient en cuisine, tête basse. Je ne savais plus où me mettre. Qu'elle ait eu raison ou pas, cela ne se faisait pas.

Quand nous sommes en Corse avec elle, nous dînons souvent au restaurant pour éviter toutes critiques de sa part sur mon propre personnel. Donc, nous allons dîner sur le port, dans un endroit où l'ambiance est décontractée, un peu style « trattoria » que ma mère adore. Afin que tout se passe au mieux, j'arrive en général une demi-heure avant elle pour vérifier qu'il y a une corbeille remplie de pain et de l'huile d'olive au centre de la table afin qu'elle puisse grignoter dès son arrivée. Je demande aussi au propriétaire que j'aime beaucoup de s'assurer que les pâtes sont servies bien chaudes, comme ma mère les exige. Non pas que je n'aie pas confiance dans le restaurateur mais je veux éviter tout risque de dérapage ; je ne voudrais pas qu'il ait une mauvaise image de ma famille. Le propriétaire du resto qui connaît déjà certaines de ses exigences trouve ça assez rigolo, tout cela le fait rire.

Je vois ma mère arriver de loin, comme toujours suivie de ses petits soldats. Sa démarche avec sa canne est unique. « Ne sois pas trop habillée, maman, c'est un restaurant sans prétention… » lui ai-je dit pour la prévenir. Pour une fois, elle m'a écoutée, elle a laissé ses gros colliers et ses bagues pour ne mettre qu'une imposante paire de boucles d'oreilles, quelques bracelets et sa jolie montre. Sa tenue est parfaite pour l'occasion.

Quand elle est arrivée à sa table, à nouveau les conversations ont cessé un instant et j'ai ressenti la curiosité des autres clients m'envahir. J'ai l'habitude, pourtant, mais à chaque fois cela me fait battre le cœur. Ensuite, elle s'est assise. Comme toujours, le restaurateur a très bien fait les choses et ma mère est comblée.

Ce qui ne l'a pas empêchée de s'extasier à voix haute :

– Ahhhhhh, mais que ces pâtes sont bonnes ! Il faut absolument que mon chef rencontre le vôtre et qu'il aille dans votre cuisine pour apprendre à faire des pâtes comme celles-là !

Évidemment, tout le monde se retourne pour entendre d'où vient cette voix haut perchée ! Mais elle n'en a pas fini. Elle s'adresse ensuite à son propre cuisinier, installé pas très loin à une autre table avec l'infirmière et le majordome.

– Va tout de suite dans la cuisine et prends des notes parce que tes pâtes sont moins bonnes que les siennes !

Moi je suis verte de l'entendre. Sur le moment, je voudrais disparaître dans un trou de souris !

Il y a eu tant de moments où j'ai eu envie de rentrer sous terre ! Une autre année, elle revient à Bonifacio, cette fois-ci avec Stéphane Tétreault, un violoncelliste qu'elle a découvert et qu'elle adore ! Elle semble ne plus pouvoir s'en passer. À l'époque, il est très jeune, 20 ans à peine, et il n'ose rien lui refuser de peur de la contrarier. Il l'accompagne partout et, bien sûr, à l'opéra ce qui, je le lui ai avoué depuis, m'a enlevé une belle épine du pied : plus besoin de me déplacer.

Ma mère a pris Stéphane sous son aile, elle l'emmène s'habiller chez Ralph Lauren à New York, pour qu'il soit toujours tiré à quatre épingles. Elle se montre si attentionnée, si maternelle avec lui qu'on pourrait penser qu'elle l'aime plus que nous, ses propres enfants ! C'est un de mes frères qui m'a fait cette réflexion mais nous n'en sommes même pas jaloux, au contraire, on le plaint d'avoir à subir ses extravagances et de devoir porter blazer, cravate par tous les temps, même à l'ombre. En même temps, il n'a pas l'air de se forcer, on voit très bien qu'il éprouve une vraie affection pour ma mère, ils aiment parler musique ensemble et il a toujours été très reconnaissant pour l'aide qu'elle lui a apportée. « Quand on débute, c'est formidable d'avoir un tel soutien ! » m'a-t-il dit.

Je reviens donc à mon histoire.

À partir du moment où le violoncelliste est arrivé en Corse, ma mère n'a eu qu'une envie :

lui faire découvrir les pâtes de notre fameux restaurant du port !

– Oh, mon Dieu que tu vas aimer ça !!! s'écrie-t-elle à tout bout de champ.

Elle est comique dans sa manière de dire les choses avec cette emphase perpétuelle. Nous voilà donc installés à nouveau tous les quatre sur la terrasse du restaurant, face au port et aux bateaux. Il fait près de 40 degrés et je plains ce pauvre garçon costumé-cravaté pour plaire à ma mère. Mon chum et moi constatons qu'il transpire à grosses gouttes ! À le regarder, je sens la chaleur sur moi encore plus lourdement !

La nuit tombe sur ce port magnifique, les gens se promènent et passent devant nous. C'est une jolie et chaude soirée d'été. Notre ami restaurateur vient nous saluer à la table, on s'embrasse chaleureusement et maman lui présente son protégé de la main :

– Vous qui m'avez tellement gâtée avec vos pâtes, est-ce que vous connaissez ce violoncelliste extraordinaire ?

– Heu... non... pas encore ! bafouille-t-il.

Ma mère lui explique qui il est et, brusquement, elle semble avoir une illumination. Moi, j'ai déjà tout compris :

– Attendez ! crie-t-elle.

Et elle regarde son musicien :

– Va chercher ton violoncelle sur le bateau ! Pourquoi ne jouerais-tu pas un peu comme ça dans la rue ? Tu pourrais nous faire un beau concert… pour nous !!

J'ouvre la bouche pour protester mais je suis prise de vitesse par mon homme assis à côté de moi :

– Ah, oui, excellente idée !

Le coup de pied que je lui ai envoyé sous la table, il s'en souvient encore. J'essaie de reprendre un peu le contrôle de la situation :

– Non, non, non, maman, non ! Ça ne se fait pas ! Arrête !

– Mais voyons, pourquoi non ? Tu es *don* bien « niaiseuse » de ne pas vouloir offrir un beau concert à tout ce restaurant ! me répond ma mère très fort.

Là, c'est à mon tour d'élever le ton :

– MAMAN, NON !!!

Quand elle agit ainsi, elle me fait penser à un monarque. Rien ne la gêne et rien ne compte plus que son plaisir. Elle ne s'est pas calmée tout de suite. Au contraire, elle continue à montrer du doigt nos voisins de table en disant que « tout le monde adorerait ça et que je suis bête de les priver d'un beau concert… ». Elle prend même notre ami du restaurant à témoin. Le pauvre, comment pourrait-il lui répondre tant ma mère semble remontée ! Je viens donc à son secours :

– Non, non, pas maintenant. On fera ça une autre fois quand tu viendras sur le bateau, mais pas ce soir… Ne t'inquiète pas.

Rien que d'imaginer ce pauvre violoncelliste obligé de jouer sur le trottoir du port me met mal à l'aise. Pour finir, ma mère est passée à autre chose et nous avons pu terminer notre dîner tranquillement. Plus tard, après le dîner, Stéphane m'a prise à part et m'a remerciée d'être intervenue. Mais quand nous avons regagné le yacht, cela n'a pas du tout empêché ma mère de le faire jouer jusqu'à 2 heures du matin, obligeant son personnel à être là, au garde-à-vous, épuisé ou pas !

Deux ans après l'avoir rencontré, ma mère qui sent en ce musicien un grand potentiel lui prête à long terme un violoncelle Stradivarius qu'elle a acheté aux enchères.

Il m'a raconté comment, le jour où cet instrument extraordinaire est apparu sur le marché, elle l'avait envoyé à Boston pour qu'il l'essaie : « Si tu l'aimes, on verra ce qu'on fait, m'a-t-elle dit… »

Sur place, il a insisté pour faire un essai à l'aveugle afin de ne pas être influencé :

– J'ai joué deux secondes sur un violoncelle que je ne connaissais pas puis j'ai levé l'archet et j'ai regardé mon père qui m'avait accompagné. « C'est quoi ça ? » ai-je dit, stupéfait. Je l'ai reconnu tout de suite, je n'avais jamais entendu un tel son… Un son difficile à décrire, à la fois très puissant mais qui a un velours extraordinaire…

Aujourd'hui, c'est avec cet instrument que ce charmant violoncelliste donne ses concerts à travers le monde. Un cadeau inestimable pour un musicien qui n'a jamais déçu ma mère. Elle voyait en lui un futur Rostropovitch et elle ne s'est pas trompée.

*
* *

Je n'en ai pas fini avec les tribulations maternelles cette année-là. En se déplaçant sur le yacht, ma mère fait une mauvaise chute et s'ouvre le genou assez profondément. À cet endroit, sa peau est si fine que le médecin consulté l'envoie subir une greffe dans un hôpital parisien. Évidemment, nous allons l'accompagner à l'hôpital, avec son jeune musicien qui semble être devenu indispensable à son bonheur.

On s'est tous retrouvés à Paris, sans oublier son infirmière personnelle qui, dans ces circonstances, dort dans sa chambre. Juste avant qu'elle ne descende au bloc opératoire, ma mère regarde son artiste avec un sourire dont elle seule a le secret. Elle lui chuchote à l'oreille :

– Quand je sortirai de l'anesthésie, s'il te plaît, joue-moi *La Méditation de Thaïs* de Massenet…

À partir de ce moment, tous les soirs pendant près d'une semaine, le violoncelliste est venu à l'hôpital et a joué pour elle, près de son lit. Jusqu'au jour où le médecin chef est entré dans la chambre, le sourcil froncé :

– Madame, je suis vraiment désolé mais il y a des malades dans les chambres voisines qui commencent à se plaindre de la musique…

Étant tous conscients de la nuisance sonore mais sans pouvoir rien dire, nous nous sommes regardés, gênés, et moi j'ai plongé le nez dans mes chaussures. Ma mère, comme d'habitude, ne voit pas du tout où est le problème :

– Mais c'est tellement beau ! s'écrie-t-elle. Pourquoi me demande-t-on d'arrêter ? Voyons, ces malades ne connaissent pas la beauté de la musique ! Là, ce sont des concerts gratuits qu'on leur donne !

Lorsque je l'ai entendue répondre au médecin de cette façon, j'ai cru devenir folle. C'en est trop pour moi, j'ai le ventre tendu, noué de honte. Je sors de la chambre en prenant le médecin par le bras et m'excuse autant que je le peux. À cet instant, je suis écœurée de son comportement si peu sensible et tellement gênée qu'ensuite je n'ai plus osé retourner dans cet hôpital pendant plusieurs années de peur que l'on me reconnaisse.

Cette assurance qu'elle affiche partout me sidère. Si elle pouvait m'en transmettre le centième ! Où qu'elle aille, elle se sent chez elle. Jamais elle ne se dit que si tout le monde se comportait comme elle, la planète deviendrait invivable. Non, elle vit ses emballements, ses envies, ses émotions comme elle le sent, sans jamais se demander si cela dérange son entourage.

C'est l'année des hôpitaux, avec un nouvel événement de plus. Je suis vraiment énervée, d'autant qu'elle m'a déjà mise mal à l'aise, peu de temps avant, mais cette fois-ci dans un autre établissement parisien. Je l'ai surprise en train de discuter avec un médecin qu'elle ne connaît pas et qui lui dit, entre autres, qu'il aimerait un jour visiter le Canada. Sa réaction ne s'est pas fait attendre :

– Mais venez chez nous ! s'écrie-t-elle. Dans notre maison familiale nous avons beaucoup d'espace. Nous pourrions recevoir la terre entière tout un week-end et, en plus, si jamais vous aimez jouer au golf, nous avons un 18 trous fantastique que mon mari m'a offert pour un de mes anniversaires. Vous pouvez aussi aller pêcher de petites truites saumonées dans un de nos lacs. À chaque fois qu'un Européen vient chez nous, c'est simple, il ne veut plus repartir !

Dans ma tête, je me dis : « … sauf moi, maman… »

Et puis ceci et puis cela, elle n'en finit plus… Je me précipite vers elle :

– Arrête, maman, arrête, je t'en prie…

Elle ne se rend pas compte de l'effet désastreux de son enthousiasme et de ses paroles lorsqu'elle décrit les biens qu'elle possède :

– Mais quoi ? s'étonne-t-elle, je ne dis que la vérité !

Laissons tomber. J'aurai beau insister, elle ne comprendra pas que les autres n'ont pas son train de vie et qu'il peut choquer les plus modestes. Je sais, néanmoins, que sa proposition émane d'un bon sentiment, mais ce manque de discrétion m'a toujours insupportée.

Une autre fois, on a dû la rapatrier de Corse vers ce même hôpital public car elle se sentait mal. Un problème d'arythmie cardiaque. Là, on ne plaisantait plus. Quoique.

C'est son infirmière qui nous a appelés. Elle se trouve avec ma mère sur son bateau :

– Sophie, votre mère me dit qu'elle se sent très mal. On arrive d'Italie et nous allons essayer d'accoster à Bonifacio.

Tout de suite, nous appelons la capitainerie afin de trouver une place assez grande pour accueillir son bateau, ce qui en cette saison n'est pas chose facile. Dans le même temps, je préviens ses pilotes qu'ils préparent son avion pour un départ immédiat tandis que mon chum téléphone pour trouver les quelques voitures qui l'emmèneront avec ses petits soldats à l'aéroport. J'ai la sensation physique que chaque minute compte.

Dès que le bateau s'immobilise à quai, nous grimpons à toute allure, persuadés de trouver ma mère à l'agonie.

Je descends dans sa cabine et ce que je vois m'arrête net.

Ma mère est assise à sa coiffeuse, devant son miroir, vêtue d'un ravissant tailleur rose, poudrée, maquillée, parfumée, portant tous ses bijoux, et sa femme de chambre en train de lui crêper les cheveux. La perfusion que l'infirmière lui a posée ne l'inquiète pas plus que ça.

– Ah, Sophie, tu es là ! s'écrie-t-elle d'une voix agacée par l'idée de devoir quitter son bateau.

– Mum, Mum!! Es-tu correcte ? Je croyais que tu étais très mal !

– Mais non, on te raconte des histoires…

Pourtant, dans son dos, l'infirmière me fait signe que « oui, elle ne va pas bien » en m'indiquant du regard la perfusion qu'elle lui a installée. Vu de l'extérieur, personne ne peut imaginer qu'elle est mal.

Avant de descendre du bateau, j'ai supplié ma mère d'avoir l'air « souffrante » :

– Beaucoup de gens vont te voir descendre de la passerelle comme une star de cinéma et, parmi eux, ceux que nous avons alertés pour que tu puisses mettre ton bateau dans le port. Après tout ça, pour qui vais-je passer, moi ?!

Je suis furieuse. En la voyant apprêtée comme elle l'est, c'est certain, nos amis du port vont croire à un caprice de notre part !

Elle a descendu la rampe du bateau, lunettes noires sur le nez. C'est tout juste si elle ne salue pas de la main comme la reine Élisabeth. Moi, je marche derrière, la tête basse, fulminant, tenant la poche de perfusion bien en évidence.

Sur le quai, de longues voitures noires attendent pour l'emmener ainsi que le personnel et une partie des bagages. Elle monte dans la première et on file vers l'aéroport. Puis, l'avion s'envole pour Paris immédiatement.

Sur place, une ambulance l'attend pour la conduire à l'hôpital Ambroise-Paré.

– Je ne vais pas monter là-dedans, moi ! déclare-t-elle en voyant la camionnette blanche.

J'ai dû faire les gros yeux et, finalement, elle s'est installée à l'arrière, avec un ambulancier et son infirmière. Moi, assise à l'avant, près du chauffeur de l'ambulance.

– Ne roulez pas trop vite ! lui a-t-elle dit avant qu'on démarre.

Quand son infirmière m'a envoyé un SMS en me disant que ma mère commençait à parler de concerts, d'opéras avec l'ambulancier qui venait de lui dire que sa fille étudiait la musique à Montréal, ma réaction a été immédiate :

– OOOOHHHHH BOY!!!! Là, on n'est pas rendus !!

À ce moment, j'ai demandé au conducteur de brancher la sirène et d'accélérer le mouvement.

Arrivée à Ambroise-Paré, ma mère continue sur son brancard d'évoquer les musiciens et ses airs préférés, tout en jetant un œil distrait autour d'elle. Quand on la conduit à sa chambre dans le service cardiologie, elle change de registre :

– C'est donc bien laid ici ! Ils pourraient donner un coup de peinture sur les murs ! dit-elle.

– MAMAN !! ARRÊTE !!

– Comment ça se fait que ce soit si délabré ? C'est bien triste. Pas étonnant que les gens meurent…

Je ne dis plus rien. À quoi bon ? Je passerais mon temps à m'excuser pour elle.

La visite du médecin cardiologue reste un autre moment d'anthologie. Assis à son chevet, il lui demande ce qu'elle mange à la maison, quelles sont ses habitudes alimentaires. Je vois ma mère faire des mouvements de mains, comme si elle picorait :

– Je mange très peu, des petites choses, pas beaucoup… Je ne comprends pas pourquoi je grossis comme ça !

Son infirmière et moi qui connaissons sa gourmandise et son bon coup de fourchette levons les yeux au ciel. Une envie de rire nous prend que j'arrive à peine à contrôler. Rodé au déni de ses patients, le docteur a tout de suite compris le problème :

– Bon, Madame, avant de faire vos examens, ce soir, vous allez prendre un bouillon sans sel et…

– SANS SEL ?!! Mais ce n'est pas mangeable ! s'exclame ma mère.

– Oui, oui, sans sel… Allez.

Je suis sortie en même temps que lui pour excuser ma mère, comme d'habitude, et lui dire la vérité sur son alimentation : elle mange comme quatre depuis des années, des nourritures très caloriques de préférence, et elle ne suit jamais les régimes prescrits par son généraliste. Le médecin hoche la tête d'un air dubitatif. Je ne lui apprends rien, il a vu son dossier médical. Mais que faire ?

– En attendant, cela ne lui fera pas de mal de faire un peu de diète. Le temps qu'elle passera avec nous… me dit-il en conclusion.

On voit bien qu'il ne connaît pas ma mère.

Nous quittons l'hôpital peu après pour la laisser se reposer. Avant que l'on parte, elle me demande de lui envoyer son majordome. (C'est lui qui m'a raconté la scène le lendemain.) Elle lui fait signe de s'approcher et lui chuchote à l'oreille :

– Va donc dans le restaurant d'à côté (qu'elle a déjà repéré !) et prends-moi un bon plat de spaghettis sauce bolognaise…

– Voyons, Madame, soyez raisonnable, vous n'avez pas le droit !

– Mais si, mais si, je ne mettrai pas de sel, allez, vas-y…

Il s'incline. De toute façon, si ce n'est pas lui qui y va, elle se débrouillera pour le faire apporter par quelqu'un d'autre. Lorsque ma mère veut quelque chose, elle l'obtient toujours !

Il est donc revenu avec les pâtes, a servi ma mère, comme elle en a l'habitude sur un beau plateau, dans une belle assiette, avec un joli verre en cristal, le tout posé sur un petit set en lin sans oublier la salière et la poivrière en argent. Comme à la maison ! Le majordome garde toujours avec lui une petite valise contenant un service complet pour le cas où !

Elle est restée trois jours à l'hôpital et, ensuite, nous sommes tous retournés en Corse. Elle sur son bateau et nous dans notre maison. Je n'en pouvais plus ! Ses soirées ont repris de plus belle avec concerts privés qui se terminaient tard dans la nuit. Heureusement que son médecin lui avait prescrit du repos !

*

* *

Mes parents m'ont indiqué la voie de la philanthropie. Leur implication et leur générosité pour certaines causes étaient indiscutables. En 2001, j'ai créé ma propre Fondation à l'université de Montréal à la faculté de musique dans le domaine du jazz pour aider les jeunes étudiants musiciens à financer leurs études. Je leur offre aussi des cours avec des maîtres afin qu'ils puissent progresser encore davantage.

Ma mère s'est émue du sort des femmes sans abri. Elle les aide depuis longtemps, comme mon père s'est intéressé avant elle au sort des hommes à la rue. À la suite de leurs décès, j'ai repris le flambeau en m'occupant de La Maison Jacqueline à Montréal, un lieu d'hébergement fondé par ma mère. Léonie Couture en est la force vive et le visage bienveillant, encore aujourd'hui.

Jamais je n'oublierai la première fois où j'ai croisé les visages de ces femmes qui, pour certaines, avaient tout perdu suite à un accident de la vie. Depuis, j'aime y passer, en particulier à Noël, pour parler avec elles et les encourager à surmonter leurs épreuves. À La Maison Jacqueline, elles sont en sécurité et peuvent rester le temps qu'il est nécessaire. Je suis toujours très heureuse de savoir qu'une ou plusieurs d'entre elles ont réussi à retrouver de nouvelles forces pour retourner à l'école apprendre un métier et enfin reprendre le cours d'une vie normale.

Vers l'âge de 50 ans, j'ai pensé me rendre utile d'une autre manière, m'impliquant avec Jasmin Roy dans le domaine du harcèlement, de la violence, et de la discrimination sous toutes ses formes. Comment faire connaître ce fléau, comment trouver des solutions aux situations que j'avais vécues et que vivent encore aujourd'hui des milliers de jeunes adolescents ? Un jour, un ami m'a présenté Jasmin Roy.

Notre rencontre a été un vrai coup de foudre amical. C'était il y a huit ans. J'ai tout de suite adhéré à son combat en finançant sa fondation et en en devenant la marraine. Jasmin m'a sauvée de mon traumatisme en me permettant d'en parler ouvertement. Sa fondation qui existait avant que j'arrive avait comme objectif de créer les outils nécessaires avec l'aide de psychothérapeutes et de pédopsychiatres, pour intervenir dans les écoles primaires et secondaires. Ensemble, nous avons mené de multiples opérations et mis en place un grand nombre de structures et de moyens pour aider ces jeunes en souffrance.

Avec l'émergence des réseaux sociaux, des téléphones personnels, le nombre d'élèves, d'étudiants harcelés qui ne savent pas à qui se confier a explosé. Désormais, il faut agir vite. Je sais ce que ces enfants subissent et l'impact que ce mal risque d'avoir sur leur santé mentale pour leur vie future : addictions, dépressions, mal-être, tentatives de suicide… Je suis passée par là et je vois encore toutes les séquelles auxquelles il me faut faire face.

La fondation que l'on appelle aujourd'hui Fondation Jasmin Roy-Sophie Desmarais a permis que cette calamité sorte de l'anonymat, qu'on en parle au Québec comme on ne l'avait jamais fait jusque-là et, surtout, que les cas de harcèlement diminuent de moitié. Quelle satisfaction pour nous ! Et quel honneur quand nous avons rencontré Brigitte Macron, la première dame de France, avec qui nous avons échangé sur nos méthodes pour lutter contre ce fléau qui affecte la jeunesse de beaucoup de pays. Il est impératif de briser le silence à ce sujet !

En 2013 – mon père était déjà décédé –, Jasmin à qui je me suis beaucoup confiée m'encourage à faire une petite vidéo dans laquelle, pour la première fois de ma vie, je révèle avoir été victime de harcèlement scolaire pendant plusieurs années et les conséquences qui s'en sont suivies. J'explique sans dissimuler mon mal-être, mes pensées suicidaires et, surtout, mon anorexie qui continue à être un combat dans ma vie. C'est la première fois que je reconnais publiquement souffrir de cette maladie. Le fait de prononcer le mot « anorexie » devant la caméra m'a énormément bouleversée.

Nous avons décidé de la diffuser sur Internet, telle quelle, avec toutes mes émotions. Quelque temps après, l'Assemblée nationale du Québec me récompensera pour mon action au sein de la fondation. Le bonheur que me procure cette reconnaissance officielle est indicible, une des plus grandes joies de ma vie.

Lorsque la Fondation Jasmin Roy-Sophie Desmarais a été agréée par les Nations unies et que nous avons été applaudis pour les initiatives développées dans le domaine de l'éducation, j'ai eu l'impression que nous avions atteint un de nos objectifs majeurs ! Non pas que notre travail soit terminé, mais il était pleinement reconnu par une grande organisation internationale et donc d'utilité publique.

Ma mère à qui je présente la vidéo se montre plutôt sceptique. Déjà, l'anorexie, elle ne voit pas précisément ce que c'est, elle n'imagine même pas que cela puisse exister. Elle aime tellement manger, elle est si gourmande ! Je vois bien sur son visage qu'elle ne comprend pas où est le problème.

Non seulement elle ne croit pas que je peux souffrir d'une telle maladie mais encore moins que j'en aie autant souffert au pensionnat. Pourtant, il est impossible pour moi qu'elle ait oublié mes appels téléphoniques, mes plaintes, mes pleurs et combien je l'ai suppliée pendant quatre ans de me laisser rentrer à la maison.

A-t-elle un sentiment de culpabilité tout à coup ? Pas sûr :

– Mais voyons, ce collège était formidable ! Tu disais que tu étais contente, commence-t-elle à argumenter.

– CONTENTE ??? Ah non, non, mum, pas du tout ! Jamais je n'ai dit que j'étais heureuse dans cet endroit, alors là, jamais ! Mais tu ne voulais rien savoir, rappelle-toi…

– Je ne me souviens plus, c'est loin… Mais m'avais-tu parlé de harcèlement ?

Elle a prononcé ce mot comme si elle le découvrait pour la première fois et pourtant ! Ma mère est loin d'être bête. Elle sait exactement de quoi je parle même si lorsque j'étais enfant, on n'en parlait jamais dans les médias ou chez soi. Peut-être veut-elle rapprocher mon malaise de celui de la violence faite aux enfants de condition modeste ou dans des familles à problèmes… Pourtant, j'ai dit très clairement dans la vidéo que l'intimidation n'a ni passeport, ni frontières, ni statut social. Bref, n'en ayant, enfant, jamais entendu parler dans l'enceinte de sa propre famille ou de son entourage proche, elle ne se sent pas concernée et a même tendance, pour ce qui me concerne, à porter des œillères.

La conversation s'est arrêtée là. De toute façon, à quoi bon ? Le mal est fait. Elle a dû tout de même y repenser ou quelqu'un lui en a parlé car, un jour, elle est revenue sur le sujet :

– Mais, Sophie… pourquoi l'école ne nous a-t-elle pas prévenus que tu étais malade ? m'a-t-elle demandé.

Bonne question. Le médecin, les professeurs et le directeur n'ont rien voulu voir de mon état physique et psychique désastreux pour ne pas faire de vagues et risquer d'entacher la réputation internationale du collège. Ils ne m'ont pas protégée alors que je n'avais que 14 ans et que mes parents étaient à des milliers de kilomètres. Je pense vraiment qu'ils auraient pu agir autrement !

Après la diffusion de la vidéo sur Internet, je me suis demandé ce que mes enfants en penseraient. Je sais qu'ils ont été très touchés par mon témoignage mais je n'ai pas pu partager avec eux sur le sujet autant que je l'aurais voulu. Les mots me manquaient, j'étais trop émue. Ma fille m'a trouvée très courageuse. « Ta vie n'a pas été facile… » m'a dit mon fils. C'est tout, et cela m'allait bien ainsi. Il m'était impossible d'en parler davantage.

Face à mes enfants m'est venue une pensée étrange : est-ce que je n'allais pas leur confier mes souffrances pour me faire aimer d'eux ? Ou tenter de les apitoyer pour qu'ils soient gentils avec moi ? C'est absurde mais voilà le genre de pensée « parasite » qui peut m'assaillir encore aujourd'hui et qui prouve combien je reste fragile, toujours à l'affût de mes anciens réflexes de fillette en quête d'amour. Des séquelles qui montrent bien que mon travail pour regagner confiance en moi n'est pas terminé.

Par la suite, j'ai appris par ma fille qu'elle-même avait subi un peu de harcèlement à l'école, comme beaucoup d'enfants aujourd'hui. Je souffrais pour elle mais avec quelques conseils de ma part, elle est parvenue à se défendre seule. J'étais très fière qu'elle ait réglé le problème en affirmant sa personnalité. Tout ce que je n'ai pas su faire à son âge.

Malgré tout, Chloé est gaie et dynamique. Elle est très active dans son métier, mais elle peut manquer de temps à autre d'assurance par peur de l'échec. Et pourtant, je suis si fière d'elle !

Souvent, je constate qu'elle s'inquiète pour moi, pour ma santé de manière excessive. À sa manière, elle me protège. J'ai combattu son sentiment d'insécurité en lui répétant combien elle était forte, compétente, talentueuse, tout ce que je pense réellement d'elle. En fait, tout ce qu'on ne m'a jamais dit et qui m'a manqué pour me construire. Chloé et moi sommes très proches. Je suis, je l'espère, sa plus grande confidente.

J'ai toujours voulu être une bonne mère mais j'avais si peu d'armes hormis le souhait profond d'être proche de mes enfants, envers et contre tout. Parfois, j'ai eu peur d'instaurer des rapports « copains » entre nous et je me suis efforcée de retrouver une ligne de conduite un peu plus stricte. Mais quelquefois le doute m'envahissait :

– Oh, mon Dieu, je commence à ressembler à ma mère !

Chloé me regardait en souriant et levait les yeux au ciel :

– Non, non, maman, je te rassure, tu en es loin !

Ma fille, ma plus grande alliée :

– Comment, avec ce que tu as souffert, as-tu réussi à être qui tu es, si joyeuse, toujours à l'écoute de Sébastien et moi ? Et parfois à l'écoute de tout le monde… me dit-elle.

Après quelques années difficiles, mon fils a remonté la pente en se mariant et en devenant le papa de deux garçons adorables, de 2 et 5 ans. Passionné de nature, il s'est acheté une ferme et s'est lancé dans l'agriculture. C'est un père fantastique pour ses fils. Le regard qu'il pose sur eux est magique ! Ils sont encore très petits, mais il faut les voir dans la nature avec leur père qui les initie à sa passion. Muni de son arc au cas où une bête surgirait, il est un peu le Davy Crockett de la famille !

C'est extrêmement émouvant pour moi d'observer mon fils être un père aussi attentionné et aimant. Il construit les fondations qui feront d'eux des adultes solides. On peut dire que mon fils s'est réalisé dans la paternité et qu'en faisant de moi la grand-mère de ses enfants, il m'a fait un magnifique cadeau. Moi-même, je ne me reconnais pas lorsque je suis avec mes petits-enfants. Je me roule dans la neige avec eux, je cours partout, j'adore m'amuser avec eux, ce que je faisais moins avec mes propres enfants tant j'étais angoissée et mal dans ma peau.

*

* *

Je n'ai jamais partagé mon année passée sur le campus américain avec mes parents. C'est seulement à ma meilleure amie, il y a une quinzaine d'années, que j'ai pu livrer ce lourd et douloureux secret.

Je ne me suis pas trompée en me confiant à cette amie si chaleureuse et si pleine d'empathie. Elle a été merveilleuse de discrétion et de délicatesse. J'ai eu la sensation qu'en m'écoutant elle prenait une part de ma peine.

Je n'en parlerai pas davantage. Si j'évoque ici ce drame, c'est pour les mêmes raisons que je parle de harcèlement et d'anorexie : pour pousser ceux qui en ont été victimes à parler. Je sais que c'est difficile et je suis bien placée pour le savoir puisqu'il m'a fallu quarante-cinq ans pour que ce glaçon fonde en moi. Avant, je n'avais pas eu le courage et plus ma vie avançait avec des parents absents ou qui n'entendaient rien, plus je me renfermais. Comment aurais-je pu dévoiler ce que je portais comme une honte ?

Aujourd'hui, nous voyons bien que la société évolue sur ces questions de violences faites aux enfants, qu'il s'agisse de viol, d'inceste ou de harcèlement scolaire. Le fait qu'elle soit davantage prête à entendre, à soutenir, à accompagner, à enquêter pour punir les responsables, favorise l'évocation de ses souffrances personnelles. Si j'en juge par toutes les paroles qui se libèrent en ce moment, il me semble qu'on est dans la bonne voie. Je croise les doigts.

– 12 –

Deux tatouages aux poignets

Jamais je ne remercierai assez mon père de m'avoir mise à l'abri des vicissitudes de la vie grâce à son travail et à sa générosité. Et aussi de m'avoir permis de poursuivre ses actions philanthropiques. Nous sommes passés l'un à côté de l'autre, on ne s'est pas souvent serrés dans les bras, mais je lui suis reconnaissante de me permettre de vivre sans inquiétude par rapport aux lendemains. Je ne suis ni blasée, ni ingrate : chaque jour je mesure ma chance d'avoir eu un père comme le mien.

Mon père est mort le 8 octobre 2013, à 86 ans, chez lui, dans sa demeure préférée qu'il avait fait construire pour ma mère :

– Tu vois, c'est ça que je t'offrirai un jour… disait-il en lui montrant les plans et croquis d'une maison magnifique.

Personnellement, je n'y suis allée que peu de fois pour les raisons que j'ai citées plus haut. Ma mère, en revanche, a adoré cet endroit et mon père qui, en vieillissant, aimait de plus en plus le calme et les livres, passait son temps dans la grande bibliothèque. Maurice Druon qui était un de ses meilleurs amis venait souvent le voir et discuter avec lui pendant des heures.

Mes parents ont vécu dans cette demeure leurs dix dernières années de vie. Je n'y ai jamais passé autant de temps que lorsque la santé de mon père s'est détériorée et que j'ai compris qu'il y finirait ses jours. Nous qui ne nous étions presque jamais embrassés avons pu nous exprimer mutuellement cette tendresse qui m'a tant manqué.

Juste avant qu'il ne nous quitte, il a appelé Martine, sa chère infirmière, « Martini », comme il la nommait, et il lui a fait jurer de s'occuper de ma mère jusqu'au bout. Quand « Martini » me l'a raconté, j'en ai pleuré. Voilà bien mon père qui, au seuil de la mort, pense encore à celle qu'il a adorée.

Les femmes et les hommes qui sont restés au chevet de leurs parents jusqu'à leur dernier souffle savent la merveilleuse complicité que l'on partage à ces moments. Les tensions et les rancunes s'envolent, on n'est qu'amour les uns pour les autres. Ce sont des moments vrais, tendres, intenses où l'attention, l'écoute s'expriment comme jamais. Face à la mort, les armures tombent.

J'ai accompagné mon père jusqu'au dernier moment. Mes frères, ma sœur ainsi que mon fils et moi-même étions tous dans sa chambre, ma mère allongée auprès de son mari, très affectée par ce qui arrivait. Elle avait beau s'y attendre depuis plusieurs jours, elle pleurait sans réaliser que son mari n'était plus. Le lendemain, dans la presse, sur toutes les chaînes de télévision on ne parlait que de la disparition de mon père. Nous étions comme anesthésiés en regardant ces images bouleversantes.

Je me souviens que le fidèle majordome était là, très triste, lui aussi. Il devait repenser au premier jour où il était arrivé chez nous… Une vie était passée. Il aimait tellement mon père ! Le jour suivant son décès, nous sommes partis tous les deux choisir le cercueil. Dur moment en perspective mais c'était important pour moi que je le choisisse personnellement.

Une dernière attention que je voulais lui offrir. Dans la voiture, nous nous remontions mutuellement le moral, nous parlions de lui, en évoquant les bons moments que nous avions partagés.

Arrivés aux pompes funèbres, l'homme qui nous a accueillis nous a cloués sur place. Je n'étais jamais allée « magasiner » pour un cercueil auparavant, donc je n'avais aucune idée à laquelle m'attendre ! Lorsqu'on a ouvert la porte des pompes funèbres, j'ai cru voir un personnage sorti tout droit de la Famille Addams, plus mort que les morts ! Il s'exprimait d'une voix grave et traînante qui a provoqué chez moi un fou rire nerveux qu'il m'était impossible de contenir.

Il avait une allure sérieuse et un visage un peu cireux comme s'il sortait tout droit du musée de Madame Tussauds !

– Veuillez me suivre… a-t-il dit d'un ton lugubre.

Je me suis pincé les lèvres.

Nous sommes descendus à l'étage inférieur où sont exposés les différents cercueils. Tout d'un coup, l'homme s'est tourné vers nous et a dit d'une voix d'outre-tombe :

– Et voici notre meilleure vente !

Ce qu'il désignait à notre attention était un cercueil en plexiglas transparent ! Un cercueil aquarium !! Non, ce n'était pas possible !!

J'ai tout de suite pensé que nous étions à l'émission « Caméra cachée » ! Nous nous sommes regardés en pleurant de rire, tout en essayant de retrouver notre sérieux mais, encore une fois, impossible ! Imperturbable, notre interlocuteur nous a montré d'autres modèles comme un bel exemplaire blanc posé sur de grosses pattes de lion dorées. Là, c'était « too much » !!!

Tout cela était bien beau mais je crois que mon père aurait préféré quelque chose de plus sobre !

Finalement, le vendeur nous a proposé un modèle dans un beau bois laqué sobre et élégant qui nous convenait parfaitement. J'ai réglé l'addition en ayant le sentiment d'offrir à mon père son dernier cadeau. Avant que nous partions, l'homme me retient :

– Une dernière question, Madame Desmarais : quand votre père arrivera ici, comment voulez-vous qu'il soit coiffé ?

Je suis restée tellement sidérée par cette demande que je l'ai fixé quelques secondes, puis je lui ai répondu la première chose qui me soit venue à l'esprit :

– Ben, comme vous… exactement !

Une fois sortis, nous avons explosé de rire pendant dix minutes dans la voiture, incapables de nous contrôler. Toute notre tristesse, notre fatigue, notre nervosité des dernières heures ressortaient dans ces larmes de rire et je me suis dit que mon père qui n'était pas le dernier à plaisanter aurait ri également.

Quand je suis revenue à la maison, ma mère regardait encore la télévision où l'on ne parlait que de mon père. Le regard perdu, elle pleurait doucement dans son mouchoir :

– Mon Dieu, si ton père savait à quel point il était aimé par tous ! dit-elle.

Plus tard, quand les autres membres de la famille sont arrivés, j'ai raconté « l'expédition » aux pompes funèbres. L'anecdote nous a détendus et rapprochés. Même si notre éducation a fait que nous avons grandi éloignés les uns des autres, ce soir nous formions une famille. C'était réconfortant de nous sentir unis dans cette épreuve.

Ma mère avait raison, mon père était très connu et aimé au Québec. Nous avons reçu énormément de témoignages d'amitié et de soutien. Sa mort ne nous appartenait pas complètement. Dès l'annonce de sa disparition, le gouvernement québécois a demandé que l'on respecte une minute de silence en sa mémoire et les drapeaux des édifices ont été mis en berne. Effectivement, je crois que mon père aurait été heureux de savoir que son pays lui rendait un tel hommage.

Quand il nous a quittés, ma fille et moi nous sommes fait tatouer la date de son décès sur le poignet, avec une croix et un cœur. Ce témoignage sur ma peau me permettait de garder une proximité affectueuse avec lui. Désormais, lorsque je touche mon poignet, je ressens comme la présence de mon père.

À la commémoration de la mort de mon père, Yannick Nézet-Seguin, pianiste et chef d'orchestre qui l'aimait beaucoup, a tenu à lui rendre hommage de la plus belle façon qui soit. Il a dirigé l'Orchestre Métropolitain de Montréal en jouant la *Symphonie n*° 5 de Malher, celle que mon père préférait. Il avait les larmes aux yeux. À la dernière note de la symphonie, ses bras sont restés en l'air dans un silence incroyable durant plusieurs minutes. Puis il les a baissés lentement. L'émotion était à son comble. La commémoration était retransmise en direct sur de grands écrans à l'extérieur de la cathédrale. Les gens s'arrêtaient pour écouter, c'était extrêmement émouvant.

*
* *

De la même manière que j'ai accompagné mon père jusqu'à son dernier souffle, je suis au chevet de ma mère dans ce moment ultime. Nous nous sommes rapprochées durant les deux dernières années de sa vie. Le temps des batailles est passé. Nous avons enfin de vrais moments de tendresse et de drôlerie.

À presque 90 ans, elle a toujours son sourire enfantin et un dynamisme étonnant. Une semaine avant sa mort, en mars 2018, elle est même plutôt en forme et ne veut surtout pas qu'on la considère comme une vieille dame. Par exemple, lorsqu'on la prend en flagrant délit de perte de mémoire, quand un mot, un nom lui échappent, elle fait tout pour le retrouver, refusant furieusement qu'on l'aide :

– Maman, laisse tomber, ce n'est pas grave… dis-je pour la soulager et qu'on passe à autre chose.

– Mais non, non ! Ne me dis rien ! Je vais trouver !

Jusqu'au bout, elle veut tout maîtriser.

Elle aussi a voulu mourir dans sa demeure, là où est décédé son mari, cinq ans auparavant. Son médecin et son infirmière ne la quittent plus. De Montréal, j'appelle tous les jours pour prendre de ses nouvelles. Les dernières semaines, je fais des allers-retours constants : un jour, on me dit qu'elle va très mal et j'accours ; le lendemain, elle va mieux, je repars.

Jusqu'au jour où on m'appelle de toute urgence. Cette fois, c'est imminent, ma mère va nous quitter. Effectivement, lorsque j'entre dans sa chambre, je vois que son visage a changé de couleur.

Je m'allonge sur son lit et la prends dans mes bras. « I love you… » lui dis-je. Je la serre très fort contre moi, aussi bouleversée que triste. À ce moment, j'ai envie de la tranquilliser :

– Maman, tu peux partir maintenant, tout va bien… lui dis-je comme un ultime message de paix et de réconciliation.

Tout est pardonné.

Ensuite, mes frères arrivent avec ma sœur. Nous sommes tous les quatre silencieux autour du lit à ne pas quitter maman des yeux. La fin va venir, en douceur. Alors que nous nous recueillons dans une même tristesse, ma mère ouvre les paupières et nous fait tous sursauter :

– Oh, j'aimerais bien un sandwich au baloney ! s'écrie-t-elle

Nous nous regardons, stupéfaits, sans savoir que dire, que faire.

– Mon sandwich !!! appelle-t-elle.

Je sors de la chambre et me dirige vers le salon où se trouvent le médecin, Martini et le personnel, très affectés eux aussi par la situation. Certains pleurent à chaudes larmes. Je leur dis quelle est la demande de ma mère, la dernière de sa vie et cette ultime exigence les fait sourire. Elle sera restée gourmande jusqu'au bout ! Ensuite, je retourne dans la chambre et la serre contre moi. Quelques heures plus tard, elle s'est éteinte.

À la suite du décès de mon père, ma mère avait remarqué mon tatouage au poignet et elle m'avait demandé de quoi il s'agissait. Quand je lui ai expliqué que c'était une façon d'avoir encore papa près de moi, elle a eu une réaction stupéfiante :

– C'est drôle que tu aies inscrit cette date sur toi. Vous n'étiez pourtant pas si proches l'un de l'autre… Je ne comprends pas pourquoi tu aimerais tant qu'il soit là…

Sur le coup, je n'ai rien pu répondre. On aurait dit qu'elle était jalouse, comme une femme qui craint qu'on ne lui vole son mari ! Je n'en revenais pas. En même temps, elle avait les larmes aux yeux. Ne comprenant pas les sentiments qui la traversaient, je lui ai fait malgré tout une promesse :

– Ne t'inquiète pas, maman, si tu meurs avant moi, je mettrai ton nom sur l'autre poignet ! Comme ça, papa et toi ne serez jamais séparés !

Et j'ai rapproché mes poignets à se toucher. Très émue, elle a fait « oui » avec la tête. Cela lui convenait ainsi.

Quand elle nous a quittés, j'ai fait réaliser les tatouages que je lui avais promis. Ils représentent les deux dernières preuves d'amour que je pouvais témoigner à mes parents et le symbole de leur union. Au-delà de nos déceptions mutuelles, de nos tristesses, de nos rancunes, j'ai inscrit à jamais leur présence-absence sur moi dans un geste de paix.

Aux funérailles de ma mère, mon chagrin, mes regrets, mon ressentiment, tout est sorti avec mes pleurs. « Comment as-tu pu me traiter ainsi ? » pensais-je. J'ai pleuré énormément durant la cérémonie. Je crois que tout s'est exprimé en même temps, y compris la peine immense de perdre sa mère. J'ai versé des larmes de regrets de ne pas avoir réussi à tisser la relation mère-fille que j'aurais tant aimé vivre avec elle.

Les jours suivants, je me suis sentie à la fois libérée et complètement perdue. Je balançais d'un état à un autre comme si j'avais perdu mes repères et je me posais sans cesse des questions : est-ce que j'ai le droit de faire ceci, cela ? Est-ce que j'ai le droit de porter ce vêtement ? Qui va me dire comment vivre à présent ? Bien sûr, je n'étais pas seule puisque mon homme était toujours à mes côtés, mais après avoir été dominée par quelqu'un toute sa vie, avoir perdu cette emprise m'a énormément fragilisée. J'étais comme une plante à laquelle on avait retiré son tuteur.

Quatre mois après la mort de ma mère, je me souviens très bien du moment où je me suis retrouvée en Corse sur notre bateau, comme tous les étés. Bien que très entourée par mon compagnon, ma fille et son fiancé, je me suis sentie déphasée, complètement désorientée. Sans que cela prévienne, des idées suicidaires m'ont submergée. Un jour où je me trouve seule au bout du bateau, une terrible envie de sauter dans le vide me prend. J'ai serré très fort le bastingage et j'ai fermé les yeux. Je crois que c'est la peur de l'inconnu qui m'a retenue, une fois encore. J'ai eu l'impression de tomber dans un grand trou noir. La même sensation que lorsque je suis arrivée à l'université plusieurs années auparavant : j'étais libre mais égarée dans cette liberté.

Parfois, j'ai encore des réactions puériles comme le jour où je suis allée m'acheter une paire de jeans troués, déchirés que j'ai portés tous les jours pendant des semaines. Rien n'aurait autant déplu à ma mère que de me voir dans ce pantalon. J'entendais son : « Ah, mon Dieu, que c'est laid ! Enlève-moi ça tout de suite !! » mais, cette fois, c'est moi qui décide ! Même attitude chez le coiffeur où je me fais faire la coupe de cheveux que j'aime : un « coiffé décoiffé » qu'elle détesterait mais que j'adore. Ce ne sont pas des gestes de rébellion que j'ai eus contre ma mère, mais de libération. Il fallait que j'en passe par là.

La liberté a toujours été quelque chose que j'ai dû apprendre à apprivoiser. Cela m'a pris énormément de temps ! Encore aujourd'hui, la liberté de faire comme je l'entends n'est pas facile pour moi. Après la mort de ma mère, à chaque fois que je devais m'acheter ou même porter un vêtement, je demandais systématiquement conseil à mon chum, si c'était « correct ». Je ne connaissais plus rien de mes goûts personnels et j'ai continué de m'interroger : « Est-ce que ma mère aurait aimé ça ? Que m'aurait-elle dit ? » Elle m'avait tellement conditionnée que je n'arrivais pas à voir la vie, les choses autrement qu'à travers ses yeux.

Je ne suis pas retournée souvent me recueillir sur la tombe de mes parents. Ils reposent l'un près de l'autre, ensemble, comme ils l'ont été toute leur vie et cela me suffit. S'enrichissant mutuellement, ils ont rencontré les plus grandes personnalités de la musique, des arts, de la culture, de la science et de la politique. Ils ont accompagné les plus grands musiciens et chefs d'orchestre dans leurs prestations, fréquenté les plus beaux endroits. Partis de presque rien, ils ont connu les plus grands et sont allés au bout de leurs passions.

L'été qui a suivi la disparition de ma mère, nous nous sommes rendus en Corse et nous avons invité Martini, l'infirmière, et son mari à nous rejoindre pour quelques jours de vacances. J'ai eu envie de prendre un peu soin d'elle, elle qui a tant œuvré pour le bien-être de ma mère ! Évidemment, nous avons parlé d'elle et j'ai eu terriblement besoin que Martini me donne son ressenti, qu'elle me dise ou pas si j'avais exagéré ma manière de la juger.

Martini m'a bien rassurée :

– Sophie, pour être honnête avec toi, je ne sais pas comment tu as survécu, comment tu t'en es sortie. Je ne pouvais rien dire à l'époque, mais mon Dieu que ta mère était dure, et tellement exigeante avec toi !

– J'aurais peut-être dû l'appeler plus souvent…

– Oh, de toute façon, quand tu lui téléphonais, on avait souvent l'impression que ton appel l'ennuyait ! À moins, bien sûr, que tu lui parles d'un sujet qui l'intéresse : ELLE par exemple !!!

J'ai éclaté de rire. Mes impressions avaient donc été les bonnes !

Il lui en a fallu de la constance pour rester au service de mes parents durant toute leur vie.

Elle s'est d'abord beaucoup occupée de mon père, puis de ma mère :

– C'était le jour et la nuit ! m'a-t-elle raconté. Ton père ne réclamait jamais rien, on ne l'entendait pas et il était tellement respectueux de mon travail. Mais avec ta mère, c'était autre chose. Elle me sollicitait beaucoup plus ! Je dirais que le plus difficile a été les soirées passées à devoir regarder ses séries de télévision jusque très tard dans la nuit et ensuite, devoir aller la coucher. J'étais souvent épuisée mais, comme pour toi, elle portait des œillères…

J'ai tellement de respect pour « Martini » qui aurait pu perdre patience des dizaines de fois et quitter son travail ! Mais non, parce qu'elle avait fait la promesse à mon père et aussi parce que pour supporter ce régime, elle devait malgré tout avoir une grande affection pour ma mère. De même, le fameux majordome avait servi mes parents jusqu'au bout sans y perdre ses nerfs. Il était toujours de bonne humeur et connaissait très bien les travers de mes parents. Il donnait l'impression de bien savoir maîtriser ses émotions et les situations :

– Sophie, ne parle pas comme ça de ta mère ! me disait-il souvent quand il me voyait agacée par elle. Tu la connais, ça ne sert à rien de la contredire…

*

* *

Quelques années avant de mourir, ma mère nous avait donné des instructions sur la manière dont elle voulait ses funérailles. Elle avait indiqué la robe dans laquelle elle désirait être inhumée et surtout la musique qui l'accompagnerait : le *Requiem* de Verdi avec quatre-vingt-dix chanteurs et l'Orchestre Métropolitain dirigé par Yannick Nezet-Seguin.

J'étais avec elle le jour où elle en a parlé. Comme d'habitude, elle était tout excitée et, brusquement, son regard s'est voilé :

– Ah, il y a quelque chose qui m'attriste tout de même…

– Quoi, maman, qu'est-ce qui t'ennuie ?

– Eh bien, c'est que je ne pourrai pas voir tout ça, les chanteurs, l'orchestre ! Je vais rater ça !

J'avoue être restée sans voix. Mais ma mère n'était pas au bout de ses ressources.

– Et si on faisait une répétition de mes obsèques ?

– Quelle bonne idée ! lui ai-je dit tout de suite. Alors, on pourrait installer le cercueil au milieu de la salle, tu pourrais mettre ta belle robe, et t'allonger dedans, et…

– Attends, attends… Ce n'est peut-être pas la peine que je me mette dans le cercueil, si ?

Pour terminer, elle a quand même réussi à assister à une répétition du *Requiem*. Elle avait cette joie de vivre et cette force de ne rien vouloir rater dans sa vie, elle désirait toujours être présente, le plus possible quand il y avait du plaisir à prendre. Une hédoniste à l'état pur.

Elle était capable, des heures durant, d'écouter des opéras wagnériens, assise sur des planches, à Bayreuth ; rien ne pouvait la retenir. Comme ce jour où, en Grèce, ne trouvant pas de taxi pour nous conduire tout en haut de l'île de Syros où se jouait un opéra en extérieur, ma mère a demandé à mon père de payer un livreur de tomates pour nous y emmener. Nous nous sommes tous engouffrés à l'arrière du camion, assis sur des cageots en bois, très heureux d'avoir trouvé cette solution.

Devant l'absence de taxis, je me souviens avoir dit : « Tant pis, ce n'est pas très grave, on laisse tomber… » Laisser tomber ? S'incliner devant l'adversité ? C'était mal connaître ma mère !

Depuis sa mort, Yannick est devenu un ami très cher. Ensemble, lorsque nous nous retrouvons aujourd'hui, nous parlons d'elle, nous nous remémorons son exubérance et son adoration pour la musique :

– Tu te souviens comme elle pouvait être exigeante ? Il t'en a fallu de la patience, hein, Yannick !

– C'est vrai qu'il ne fallait pas dire non à ta mère, hein !

Il rit, ému à ces souvenirs. Au-delà du soutien financier qu'elle lui a apporté alors qu'il n'avait que 24 ans, il y avait entre eux aussi une belle complicité, une très forte amitié. Pour lui, elle a été beaucoup plus qu'une mécène. Elle a accompagné celui qu'elle appelait « mon petit Yannick » jusqu'à ce qu'il soit nommé au poste de directeur musical du célèbre Met de New York. Aujourd'hui, il est également, directeur de l'Orchestre Métropolitain de Montréal et de celui de Philadelphie. Ma mère était tellement fière de lui ! Elle fut sa plus grande, sa plus sincère, sa plus fidèle admiratrice.

Lorsque ma mère nous a quittés, je me suis dit, selon l'expression consacrée, qu'« on avait cassé le moule ». Il n'y en aurait pas deux comme elle. Ma fille était d'accord.

Récemment, elle m'a confié qu'elle ne se souvenait pas avoir vu ma mère m'embrasser une seule fois. Elle ne se souvenait pas non plus qu'elle l'ait serrée dans ses bras très souvent. Cela m'a fait beaucoup de peine.

– Et grand-papa ? lui ai-je demandé

– Grand-papa était plus sensible, mais pas beaucoup plus affectueux, il était trop pudique…

C'est ce que je me suis dit toute ma vie.

– Tout de même, grand-maman était une grande dame, a repris Chloé, songeuse. Chaque fois qu'on me parle d'elle, je suis fière de dire que c'était ma grand-mère. Mon regret est de n'être jamais allée à l'opéra avec elle. J'aurais aimé la voir dans ce monde qu'elle adorait…

C'est vrai, l'opéra était le monde de ma mère, sa planète. Elle-même en était une des protagonistes. Elle semblait pleinement heureuse dans cette fête des yeux, des oreilles et du cœur.

Chloé ne connaîtra pas ces soirées fastueuses à l'exception de celle de ses 80 ans, mais elle gardera en mémoire le temps passé avec sa grand-mère autour de l'ordinateur. Ma mère s'est initiée tout de suite à l'informatique et elle savait mieux que moi se servir de son iPad et de son smartphone. Conservatrice voire rétrograde sur beaucoup de sujets, elle était très moderne concernant les nouveaux moyens de communication. Elle envoyait des e-mails et des SMS à ma fille comme une adolescente et s'entraînait à bridger en ligne contre l'ordinateur !

Aujourd'hui, ma fille regrette que ses grands-parents ne soient plus là pour voir son bonheur et ses succès professionnels. Sa société de service sur Internet est une vraie réussite et elle aurait aimé montrer à cette famille qui, de façon trop traditionnelle, a tout misé sur les garçons, que les filles aussi peuvent s'accomplir. Et drôlement bien, même !

– J'aurais aimé qu'elle comprenne que si j'ai réussi, c'est aussi grâce à toi, maman ! a conclu ma fille.

Chaque fois qu'elle le peut, Chloé me rend hommage et ça me touche infiniment. Quand elle discutait avec ma mère, dès qu'elle pouvait me mettre en avant, elle le faisait.

*

* *

C'est un sentiment étrange qui suit le moment où vous êtes orpheline de vos deux parents.

Après la mort de ma mère, j'ai pleuré, j'ai hurlé, déchirée entre ma peine et cette sensation de soulagement que je commençais à ressentir mais qu'il n'était pas possible de verbaliser, même à moi-même. Mon chagrin était profond même si je me sentais échapper aux griffes mentales de ma mère. Je n'imaginais pas combien les mois qui ont suivi j'allais souffrir encore de son emprise, de ce que je dois reconnaître comme « un manque d'elle ».

L'emprise est une addiction, j'en suis intimement convaincue. Pour ce qui me concerne, elle a été le fil conducteur de toutes les réactions émotionnelles que j'ai eues au long de ma vie. Lorsqu'on est abusé psychologiquement, on a du mal à quitter les lieux de l'abus et les gens qui vous abusent. On voudrait fuir mais quelque chose vous retient malgré vous. On ne sait plus faire la part des choses, entre le poison et l'antidote.

Qui dit emprise, dit sevrage. Avec l'amie malintentionnée, j'y suis parvenue en rencontrant, plus tard, des amies bienveillantes avec qui je pouvais devenir moi-même, mais avec ma mère, cela a pris toute ma vie. Le sevrage est passé par l'anorexie et j'ai dû me guérir d'une addiction par une autre.

N'étant jamais parvenue à m'en émanciper jusque-là, il a fallu que ma mère me quitte définitivement pour que je m'autorise à être moi-même. J'étais libérée de son égocentrisme, de cette chape de plomb que son autoritarisme a fait peser sur mes épaules tout au long de ma vie, lorsque j'étais en sa présence.

Être moi-même… Cette notion me semblait vertigineuse. Déjà, mon homme m'avait ouvert les portes du bien-être en m'offrant son amour et une épaule solide et bienveillante sur laquelle m'appuyer. Désormais, je n'aurais plus de comptes à rendre sur mes attitudes, mes choix. Je suis devenue enfin libre de commencer à envisager ce nouveau statut sans en avoir peur.

Aujourd'hui, mes vieux démons me laissent à peu près en paix. L'anorexie est toujours un problème dans le sens où je dois encore être en contrôle de moi-même, mais ses attaques se raréfient. Si je commence à manger plus que de raison, je sais comment cela se terminera. Alors je surveille mon « ennemie » intérieure. Ma plus grande faiblesse, qui semble ne jamais vouloir me quitter, est de tenir compte du jugement et des regards que les autres portent sur moi.

Cela explique probablement la réticence que j'ai à recevoir chez moi.

Et pourtant, j'adorerais avoir ma maison remplie de gens, de rires, de conversations mais ma sensation d'insécurité l'emporte toujours. C'est stupide, je sais, mais j'y travaille.

En écrivant cela, je revois le programme des activités qui figuraient dans les chambres des invités lorsque mes parents recevaient leurs amis pour le week-end : « Arrivée à dix-sept heures, dîner, soirée *black tie* (cravate noire). Le lendemain : déjeuner à tel endroit, trajet en calèche, thé à dix-sept heures. Le surlendemain : chasse en tenue. Déjeuner cocktail. Dîner, smoking, robe longue. » Tout était consigné, réglementé. Ma mère ne laissait rien au hasard. Et je m'étonne, ensuite, que l'improvisation me terrifie.

De plus, le perfectionnisme de ma mère a déteint sur moi mais de manière négative. Quand je reçois, je m'impose d'être irréprochable. Je sens que je serais mal jugée si la table, les fleurs, le décor et la nourriture ne sont pas parfaits !

Je m'accroche au matériel alors que mes fidèles amies me répètent qu'elles se fichent de ma table et du décorum : « Je t'aime les mains vides… » m'a dit l'une d'elles. J'ai adoré cette phrase.

Beaucoup parmi ceux qui me connaissent seront surpris par ces confessions : alors, parce qu'on me voit dans des soirées brillantes où je prends la parole, sur des photos où je souris, parce que je suis une philanthrope soutenant différentes causes, je serais forcément bien dans ma peau et forte ? Non, hélas, ce n'est pas si simple et j'ai certainement encore à lutter contre quelques vieux démons tenaces. Mais qui n'en a pas ?

– 13 –

AU MILIEU DU CHEMIN

Aujourd'hui que mes parents ne sont plus là, je pense souvent à eux, je revois le visage de ma mère et je souris en me remémorant certaines situations difficiles que son extravagance nous a fait vivre.

Après sa disparition, une de ses amis m'a confié qu'elle disait parfois de jolies choses à mon sujet. Je n'en revenais pas ! Pourquoi ne me les a-t-elle pas dites directement ? Par pudeur ? En société, elle aimait faire croire que nous étions proches, elle racontait que nous étions complices : « Je dis tout à ma fille… » assurait-elle. Ce n'était pas vrai, hélas, j'aurais tellement aimé, je n'attendais que ça !

Si j'ai souffert d'un manque d'amour maternel, au moins ai-je pu éviter de reproduire cette même relation avec mes enfants. J'ai fait en sorte de les élever en plaçant au-dessus de tout l'optimisme et l'assurance de soi. Je ne dis pas que j'ai réussi autant que je l'aurais voulu mais j'ai fait mon maximum en gérant mes propres fragilités et mes névroses. Je pense, j'espère vraiment, avoir instauré un lien fort, un véritable attachement avec eux. Quoi qu'il en soit, tous deux cultivent leur bonheur à leur manière. Et ils y parviennent très bien.

L'amour que je reçois depuis douze ans de l'homme que j'aime et la confiance que j'ai regagnée à son contact font qu'à présent je marche au milieu du chemin et non pas, comme une grande partie de ma vie, en rasant les murs. Le personnage terrifié et négatif qui était le mien dans l'enfance s'est éloigné et je le tiens à bonne distance. Mais il rôde encore, je dois rester vigilante.

Une enfance peu rassurée et sans bases solides vous marque à vie et détermine la vie adulte. Encore aujourd'hui, alors que je me libère peu à peu du traumatisme, j'ai parfois à me battre contre des problèmes alimentaires, des sensations d'insécurité, des fragilités, des angoisses au moment de faire des choix, des questionnements sur le fait d'être une bonne mère ou pas et, toujours, cette quête de vouloir que l'on m'aime. Sans parler de la fatigue qui peut envahir mon corps quand l'anxiété en prend possession.

Même si on apprend à les dominer, et j'en suis un exemple parfait, on ne se défait jamais tout à fait des souffrances enfantines. Cela vous suit toute votre vie. Mais si le passé ne passe pas et que des traces persistent, elles peuvent s'atténuer à partir du moment où on livre sa parole.

Aider les jeunes en souffrance à parler et à se reconstruire est la principale mission de la Fondation Jasmin Roy-Sophie Desmarais. C'est en se confiant qu'on peut trouver de l'aide. Alors, je ne le dirai jamais assez : parlez, racontez, ouvrez-vous ! Parlez sans avoir peur des conséquences et de ce que d'autres pourront en dire. Lorsqu'on veut vivre et être soi-même, il faut avoir la force de savoir que l'on ne pourra jamais plaire à tout le monde. C'est à cette condition qu'on peut s'imaginer un futur.

Le chemin de la réparation, j'ai dû l'arpenter seule en grande partie, jusqu'à ce que je trouve l'appui de mon compagnon de vie. Mais si j'avais osé me confier avant, la charge aurait sûrement été moins lourde. Je le regrette énormément car j'ai dû passer à côté de situations exceptionnelles. Ne faites pas comme moi pendant toutes ces années où j'ai avalé des paroles qui m'ont, en quelque sorte, tétanisée. N'ayez pas peur, ne vous laissez pas envahir par le silence, cet ennemi paralysant qui a pourri des pans entiers de ma vie, parce que la solution existe et qu'elle vous sauvera la vie.

Car c'est bien de cela qu'il s'agit : une question de vie ou de mort. Il faut demander de l'aide le plus tôt possible pour s'épargner des souffrances inutiles et se préparer une vie d'adulte réparée, heureuse et confiante. Et si, comme pour moi, la famille n'est pas à l'écoute, que vous pensez qu'elle ne va pas vous croire ou dire que vous exagérez, ce qui est pire que tout, confiez-vous à d'autres, un ami, un professeur, un médecin… Il y a toujours quelqu'un qui peut entendre. Parce qu'il n'est pas de confession sans écoute appropriée et que, malgré tout, beaucoup de bienveillance nous entoure que l'on ne soupçonne pas.

Je ne peux pas refermer ces pages sans évoquer la situation sanitaire qui est la nôtre au moment où j'écris ces lignes. L'année 2020 a été rythmée par la Covid-19, les chiffres alarmants des décès dans le monde entier, la course aux vaccins, les espoirs déçus et ceux auxquels on peut s'accrocher. Et 2021 ne nous a pas encore libérés de cette épidémie.

À ma place et en toute modestie, j'ai aidé à la recherche d'un traitement qui, on le sait aujourd'hui, permet de soulager les patients atteints de la Covid-19 en leur évitant d'être hospitalisés. Le but étant, bien sûr, de désengorger les hôpitaux. Cette étude intitulée ColCorona vise à déterminer le potentiel de la colchicine pour prévenir le phénomène de « tempête inflammatoire majeure des poumons » chez les patients atteints de la Covid-19. Le mal n'est pas éradiqué mais c'est déjà une grande avancée.

Ces deux années de recherches auront été celles où je me suis rapprochée de personnes généreuses et combatives, des gens extraordinaires qui véhiculent des valeurs dans lesquelles je me suis reconnue.

Il faut toujours tirer les vertus des événements qui nous traversent et je vois que cette épidémie aura permis à beaucoup de se recentrer sur l'essentiel : la maîtrise du temps et en particulier celui que l'on accorde à sa famille, à ceux qu'on aime, les priorités dans l'existence, le sens du collectif, le respect de la vie des autres, toutes ces valeurs essentielles qui nous avaient échappé et que la nature, malmenée par l'homme, nous force aujourd'hui à reconsidérer.

En un mot : l'humain.

Depuis le début de la pandémie, on parle beaucoup de santé mentale car la maladie et la crise sanitaire imposent des contraintes qui ont fait naître des problèmes psychologiques dans toute la population, en particulier chez les personnes âgées isolées et maintenant chez les jeunes. À la fondation, tout ce qui est lié au mal-être, à l'anxiété, la dépression, les dépendances, les tentatives de suicide est au cœur de notre réflexion et de nos actions. Une priorité.

La santé mentale est un sujet qui intéresse de plus en plus et qui, au Canada et aux États-Unis, commence à être abordé par des personnalités du show-business, de façon très intelligente et pédagogique. En évoquant leurs propres problèmes, elles invitent ceux dont le mental est en souffrance à le faire à leur tour et elles aident le public à se saisir de la question. Par exemple, la chanteuse et actrice Lady Gaga en parle de manière accessible et forte, elle permet à ceux qui sont atteints de problèmes psychologiques de s'identifier à son combat et de se dire qu'ils peuvent en guérir.

Encore taboue il y a dix ans, la question de la santé mentale est abordée aujourd'hui de manière plus décomplexée, les réseaux sociaux ayant grandement facilité la circulation des idées et des témoignages. Si le travail que nous accomplissons sur le harcèlement scolaire et toutes formes d'intimidation pouvait permettre à certains de parler publiquement en communiquant sur leur souffrance et, à d'autres, de progresser dans la compréhension du problème, j'en serais profondément heureuse.

REMERCIEMENTS

Merci à Jasmin Roy qui, le premier, m'a conseillé de raconter mon histoire. Sans ses encouragements, sans sa confiance, je n'en aurais pas eu le courage.

Merci à mes frères de m'avoir laissé le champ libre pour parler de mon expérience.

Merci à Elsa et Claude pour m'avoir guidée et accompagnée sur le chemin de la confession.

Et merci aux lecteurs pour leur attention, eux à qui, peut-être, ce bout de chemin douloureux n'est pas tout à fait étranger…

Table des matières

pca
cmb
édition pré-presse
livres numériques

44400 Rezé

IMPRIM'VERT®

PEFC™ 10-31-1510

Imprimé en France

par Corlet Imprimeur

14110 Condé-en-Normandie

Dépôt légal : Mai 2022

N° d'impression : 21090978

ISBN : 978-2-7499-4656-6

LAF : 3081